Architektur
der Gotik

Ulrike Laule – Rolf Toman – Achim Bednorz

Architektur
der Gotik

MOEWIG

COVERBILD **Paris, Sainte-Chapelle**

FRONTISPITZ **Carcassonne, Kathedrale,**
beg. 1280, Innenansicht von Chor und
Querhaus

Der Chor der Kathedrale von Carcassonne
verarbeitet im Grundriss zisterziensische
Einflüsse, im Aufriss Anregungen der Sainte-
Chapelle in Paris, die 1248 geweiht wurde:
Über dem Sockel aus Blendmaßwerk steigen
steile Fensterlanzetten auf, vor denen ein
Figurenzyklus unter Baldachinen aufgestellt
ist.

Copyright © edel entertainment GmbH, Hamburg
www.moewig.de · www.edel.de

Text: Ulrike Laule
Text Profanarchitektur: Barbara Borngässer
Fotos: Achim Bednorz
Layout: Peter Rieprich
Illustrationen: Pablo de la Riestra

Sonderausgabe
Alle Rechte vorbehalten

Printed in China

ISBN 978-3-86803-248-2

Inhalt

Pablo de la Riestra

Formenkunde des gotischen Sakralbaus

Die überwiegende Zahl der Bautypen des mittelalterlichen – wie überhaupt des gesamten abendländischen – Sakralbaus weist eine Längsstreckung auf: Das ein- oder mehrschiffige Langhaus führt in einer Hauptachse auf das sakrale Zentrum, den Altarraum im Chor, zu. Dieser ist in der Regel nach Osten als dem Ort der Heilserwartung ausgerichtet. Kirchen mit Längsstreckung bezeichnen wir hier als erste Hauptgruppe. Eine zweite Hauptgruppe bilden die Zentralbauten.

Innerhalb der ersten Hauptgruppe lassen sich verschiedene Bautypen unterscheiden. Wesentliches Unterscheidungskriterium ist die Gestaltung des Langhauses. Je nach dessen Form bzw. Aufbau spricht man von einer Basilika, einer Hallenkirche oder von einer Saalkirche.

Der Bautypus der *Basilika* setzt ein mehrschiffiges Langhaus voraus und ist durch dessen Aufbau bestimmt. Das Mittelschiff ragt so weit über die Seitenschiffe hinaus, dass die in die Hochschiffwände (Obergaden) eingelassenen Fenster für einen direkten Lichteinfall im Mittelschiff sorgen. Ist das Mittelschiff zwar erhöht, aber ohne Fenster gestaltet, so spricht man von einer Pseudobasilika.

Basilika
Axonometrie
Innen- und
Außenansicht

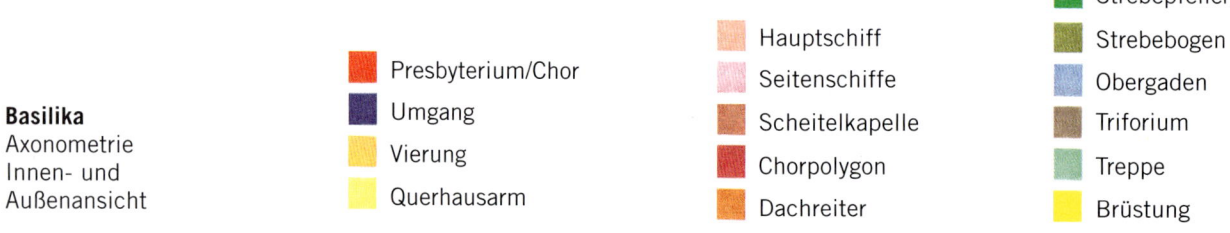

- Presbyterium/Chor
- Umgang
- Vierung
- Querhausarm

- Hauptschiff
- Seitenschiffe
- Scheitelkapelle
- Chorpolygon
- Dachreiter

- Strebepfeiler
- Strebebogen
- Obergaden
- Triforium
- Treppe
- Brüstung

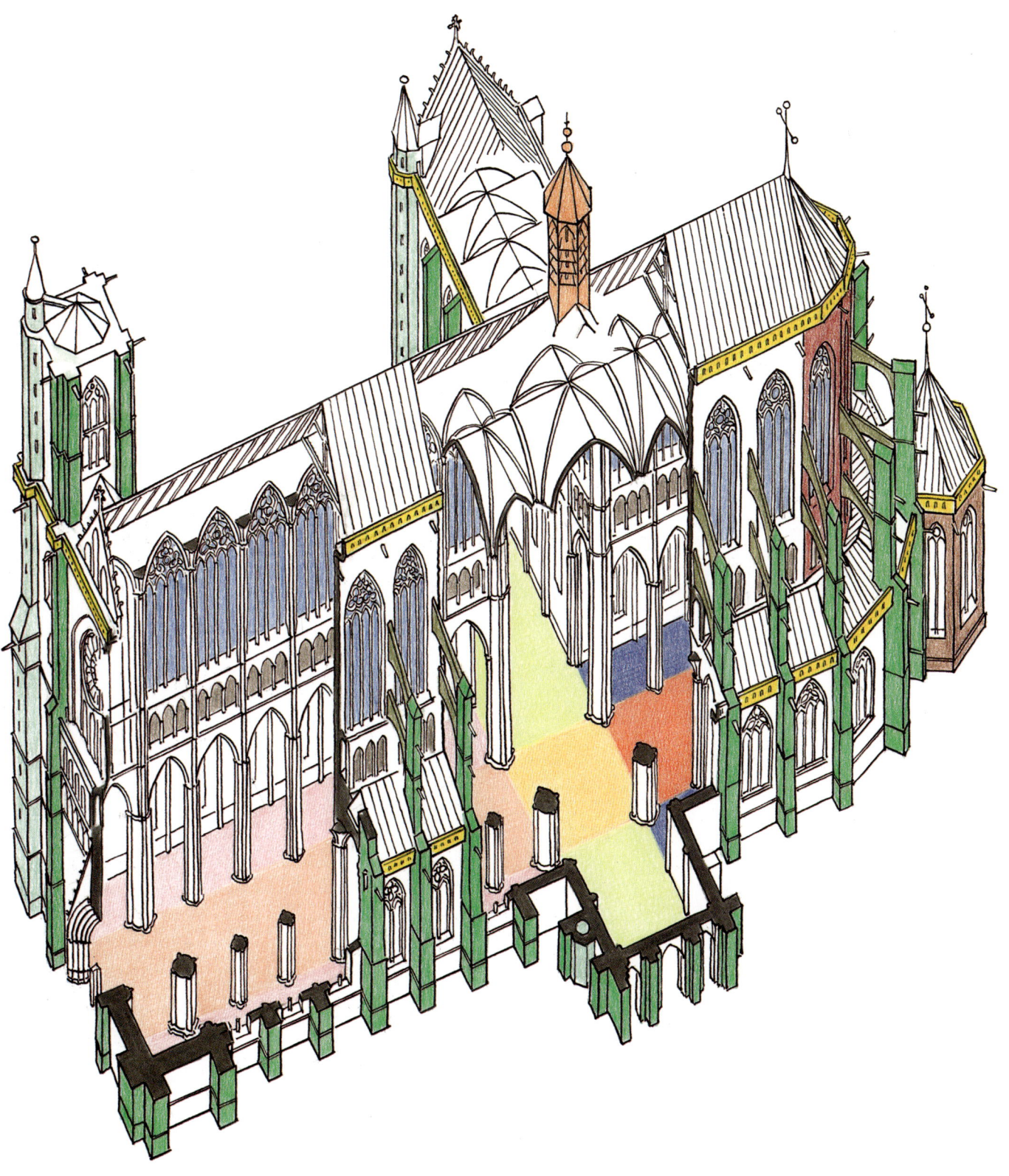

Die Hallenkirche
Die übliche Hallenkirche besitzt
drei Seitenschiffe. Es gibt aber auch
Hallenkirchen mit zwei und solche
mit fünf Schiffen. Im Unterschied
zur Basilika haben das Mittelschiff
und die Seitenschiffe hier jedoch die
gleiche oder annähernd gleiche Höhe,
wobei das Mittelschiff sein Licht durch
die Fenster der Seitenschiffe erhält.
Ist das Mittelschiff erhöht, spricht man
von einer Staffel- oder Stufenhalle.

Die Saalkirche
Bei der Saalkirche handelt es sich um einen einschiffigen
Bau, der nicht durch Stützen gegliedert ist. Kommen Stützen
oder andere gliedernde Elemente hinzu (z. B. in Joche unter-
teilte Gewölbe), spricht man von einer einschiffigen Kirche.

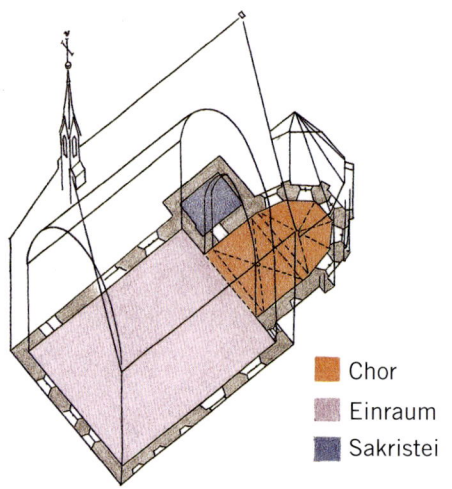

- Chor
- Einraum
- Sakristei

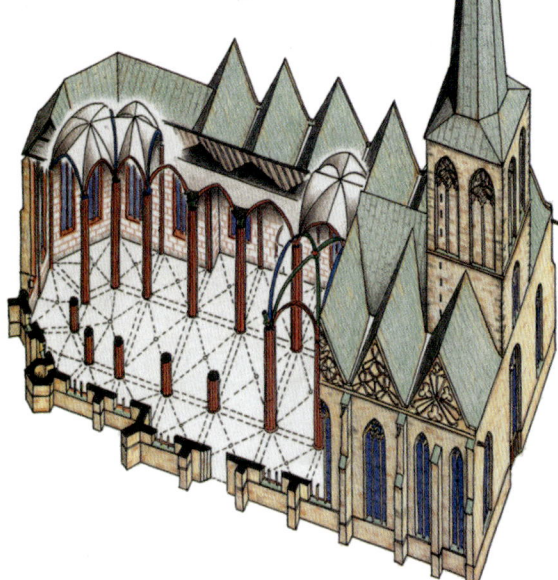

Der Zentralbau
Im Unterschied zu Basiliken und
Hallenkirchen, die auf eine Längs-
achse hin ausgerichtet sind, handelt es sich bei Zentralbauten um
Baukörper, deren Teile auf einen
Mittelpunkt bezogen sind. Der
Grundriss, über dem der Bau
errichtet ist, kann ein Kreis oder
ein regelmäßiges Vieleck (Polygon),
eine Ellipse oder gar ein Quadrat
sein. Der Raum wird häufig von
einer Kuppel abgeschlossen.

Heiligenstadt, Annenkapelle,
2. Hälfte 14. Jh.

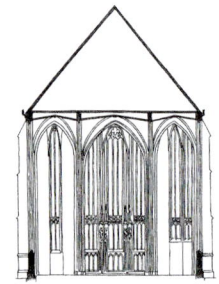

Querschnitt Hallenkirche

Querschnitt
Staffelhalle/Stufenhalle

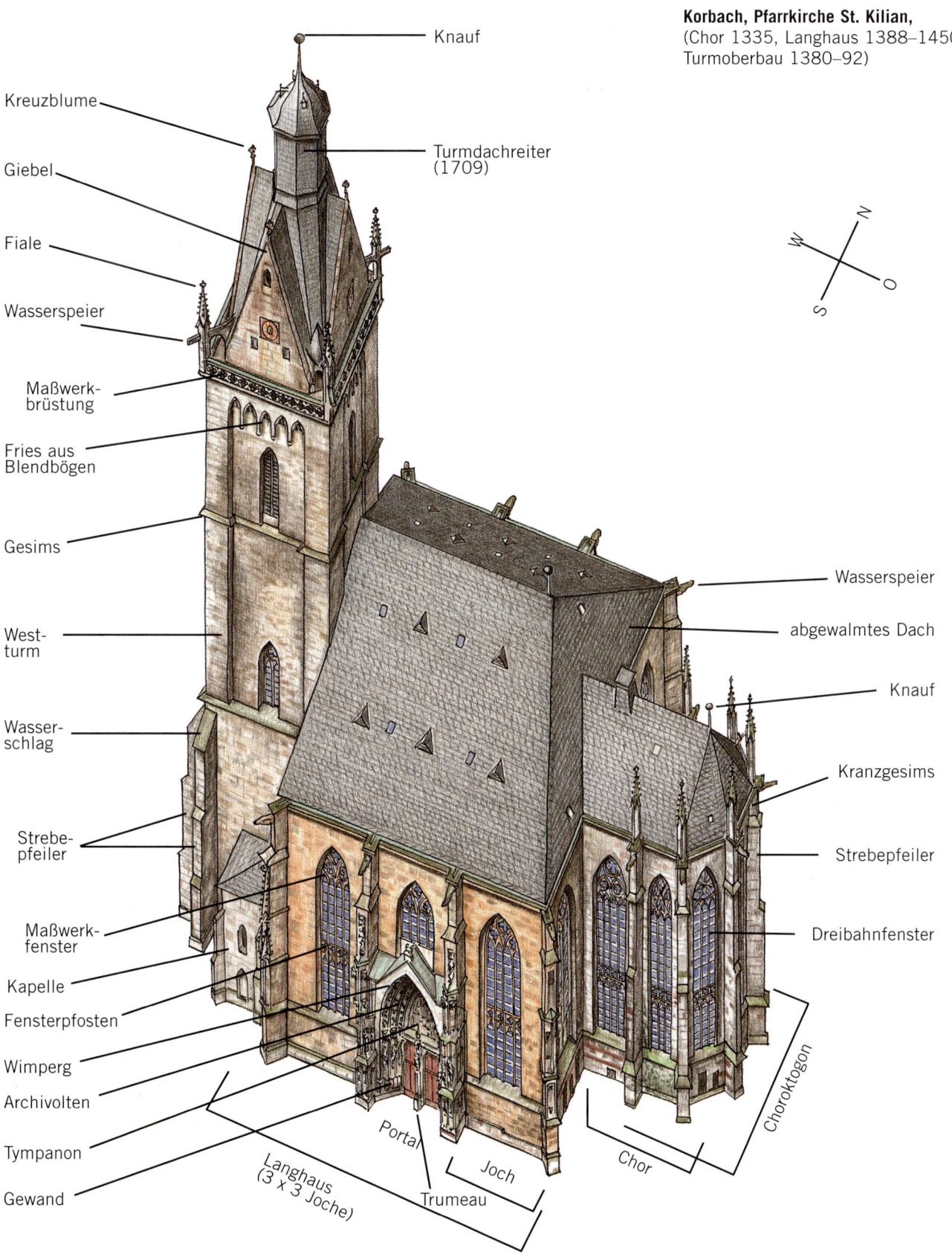

Korbach, Pfarrkirche St. Kilian,
(Chor 1335, Langhaus 1388–1450,
Turmoberbau 1380–92)

Knauf

Kreuzblume

Giebel

Turmdachreiter
(1709)

Fiale

Wasserspeier

Maßwerk-
brüstung

Fries aus
Blendbögen

Gesims

Wasserspeier

West-
turm

abgewalmtes Dach

Knauf

Wasser-
schlag

Kranzgesims

Strebe-
pfeiler

Strebepfeiler

Maßwerk-
fenster

Dreibahnfenster

Kapelle

Fensterpfosten

Wimperg

Archivolten

Tympanon

Choroktogon

Gewand

Portal

Chor

Langhaus
(3 x 3 Joche)

Joch

Trumeau

9

Varianten der Basilika

1 turmlos mit polygonaler Apsis

2 turmlos mit Querhaus

3 doppelchörig mit einfachem Querhaus

4 mit Haupt- und
   Nebenapsiden

5 mit Chorumgang

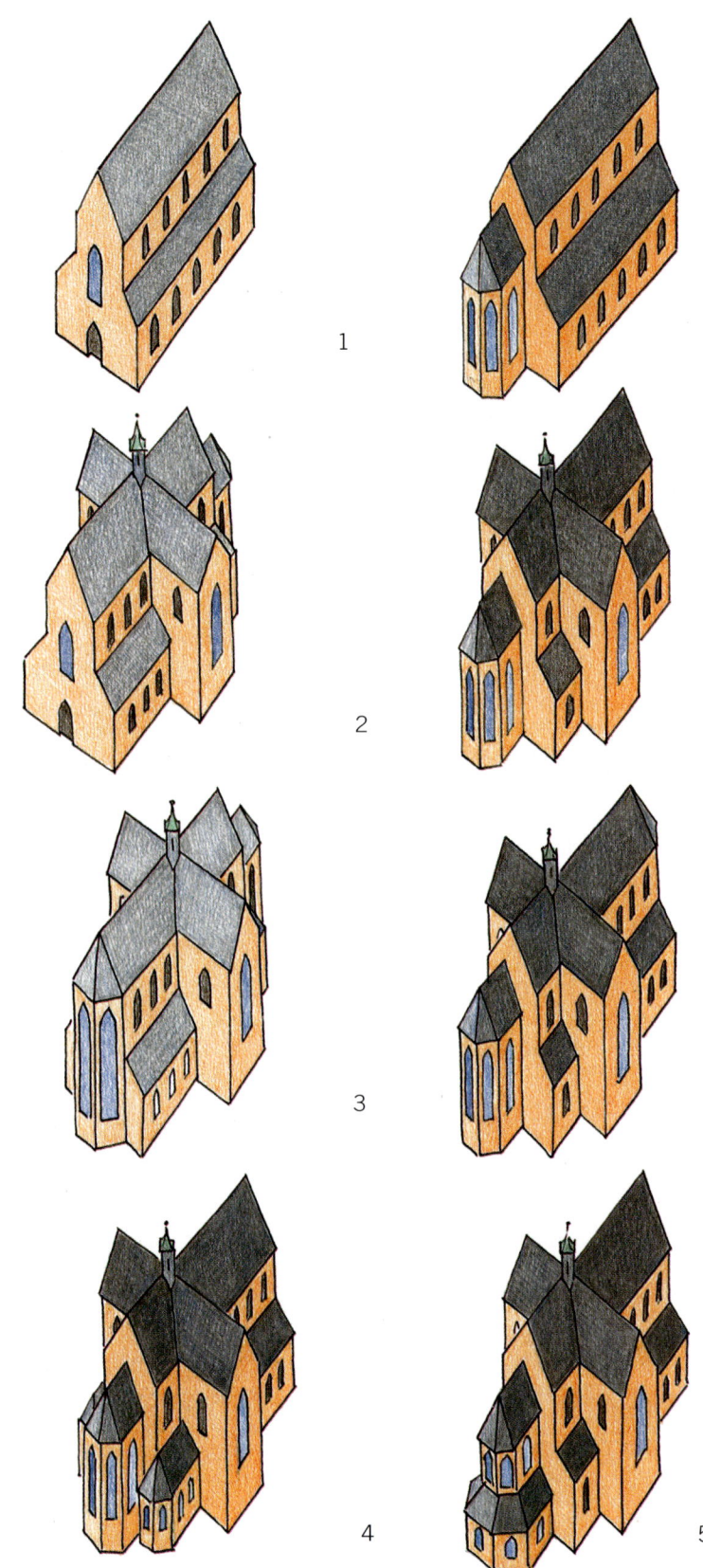

1

2

3

4   5

6

7

6 mit Umgang und
   Kapellenkranz

7 mit Kleeblattchor

8 mit Doppelturmfassade

9 mit Vorhalle

10 mit Westwerk und
    Vierungsturm

11 Einturmfassade und von Türmen
    flankierter Chor

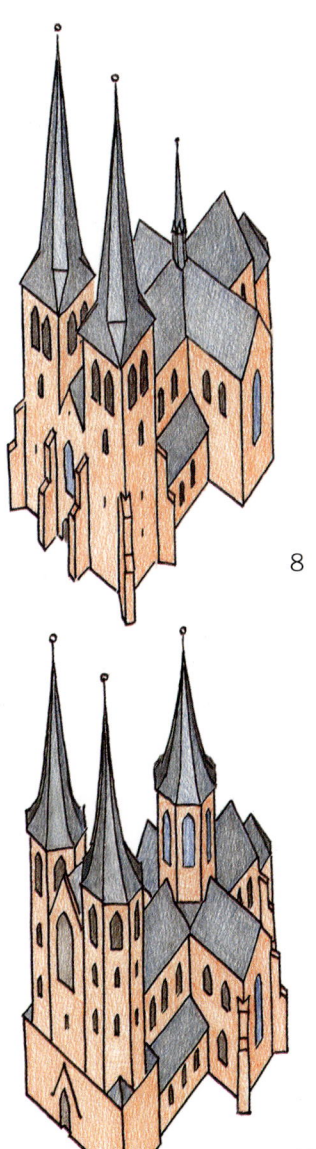

8

9

10

11

Basilika

Axonometrie
(mit Einblick ins
Kircheninnere)

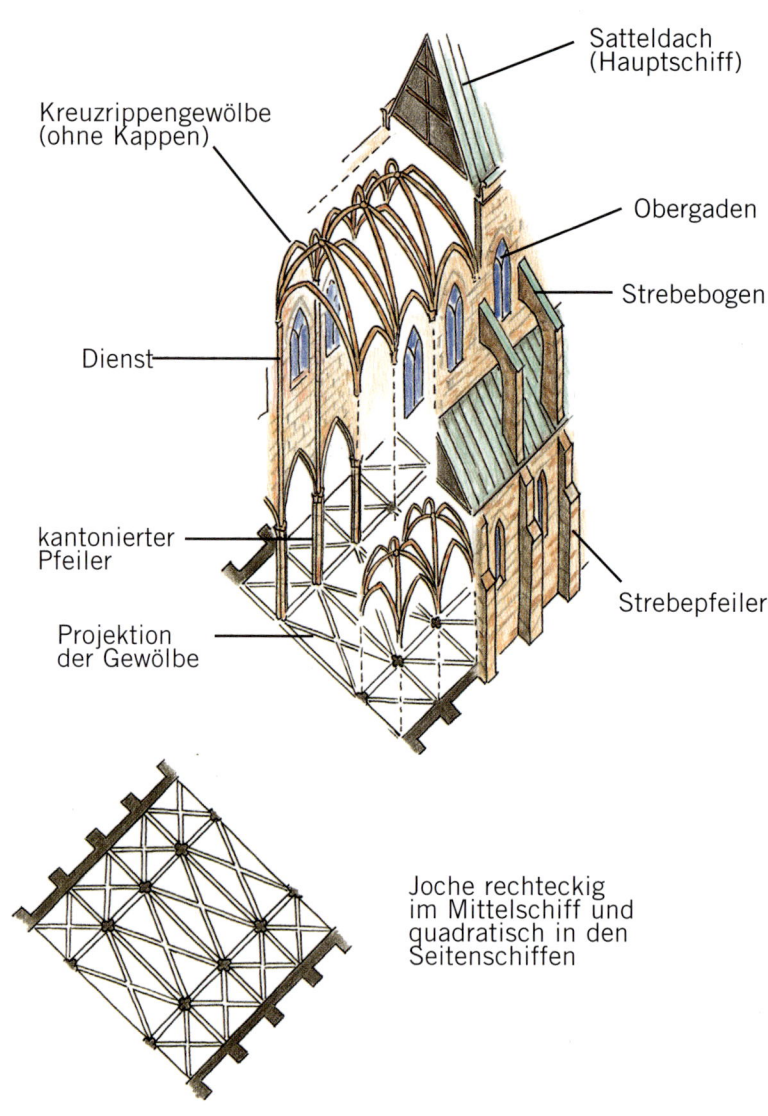

Satteldach
(Hauptschiff)

Kreuzrippengewölbe
(ohne Kappen)

Obergaden

Strebebogen

Dienst

kantonierter
Pfeiler

Strebepfeiler

Projektion
der Gewölbe

Grundriss

Joche rechteckig
im Mittelschiff und
quadratisch in den
Seitenschiffen

Wandaufriss
(im Längsschnitt)

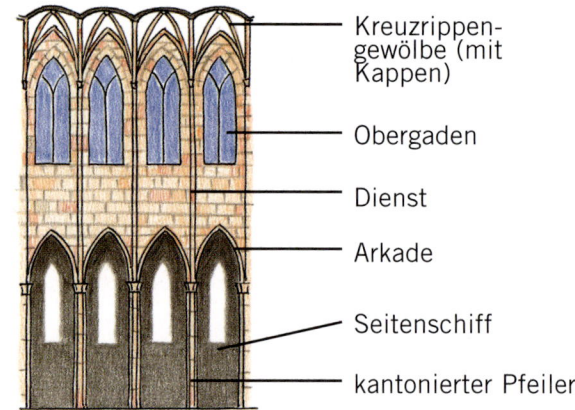

Kreuzrippen-
gewölbe (mit
Kappen)

Obergaden

Dienst

Arkade

Seitenschiff

kantonierter Pfeiler

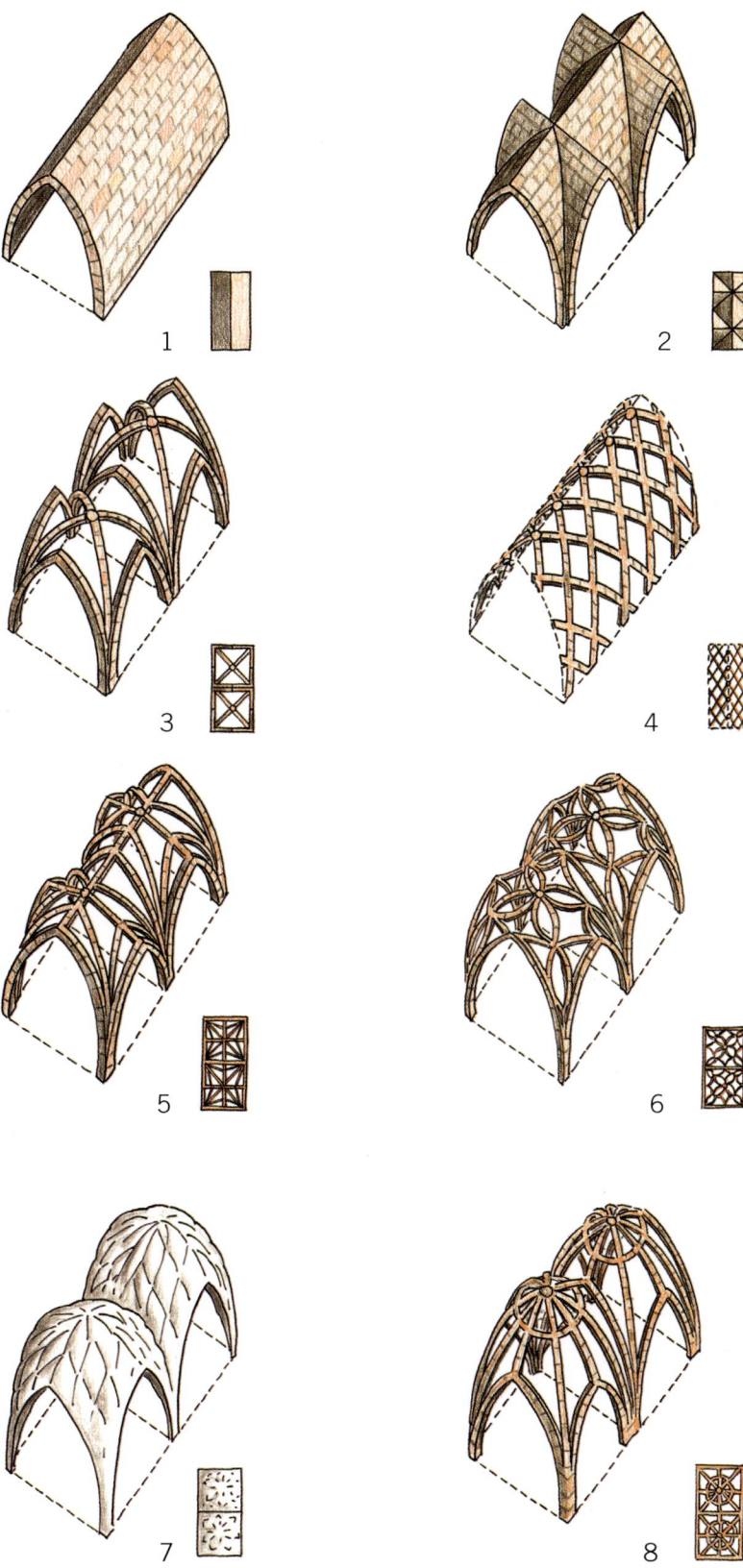

Gewölbeformen

1 Spitztonne (auch romanisch)
2 Kreuzgradgewölbe mit Spitztonnen
3 Kreuzrippengewölbe
4 Netzgewölbe
5 Sterngewölbe
6 Schlinggewölbe
7 Zellengewölbe
8 Domikalgewölbe

Bogen- und Fensterformen

Spitzbogen

Kielbogen

Tudorbogen

Segmentbogen

Korbbogen

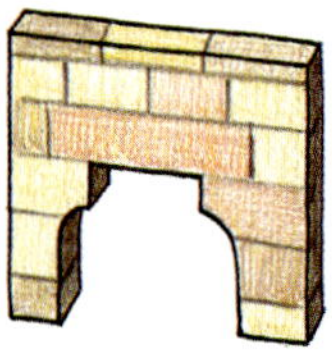

Schulterbogen

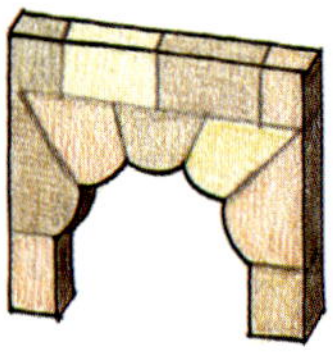

Vorhangbogen

Kreuzfenster

Pfeilerformen

achteckiger Pfeiler

kantonierter Pfeiler

Bündelpfeiler

helikal gedrehter Pfeiler

Hölzerne Helme

achteckiger
Helm auf
vier Drei-
ecksgiebeln

achteckiger Nadel-
helm auf vier
Dreiecksgiebeln
(im Rücksprung)

achteckiger
Helm auf vier
kopfstehenden
Dreiecken

achteckiger
Helm auf vier
Trapezgiebeln

achteckiger
Helm mit vier
Wichhäuschen

gedrehter
achteckiger
Helm

achteckiger
Helm mit
Zwiebelhaube

Holzkon-
struktion
eines Helms

Steinerne Kirchenhelme

1 und 2 Maßwerkhelme
1 zur Hälfte ohne Krabben
3 massiver Helm mit »Mastkorb«

1   2   3

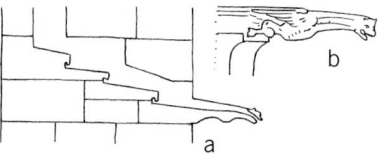

Wasserspeier
a Längsschnitt durch einen Strebepfeiler
b Fabeltier

Gotische Zierformen

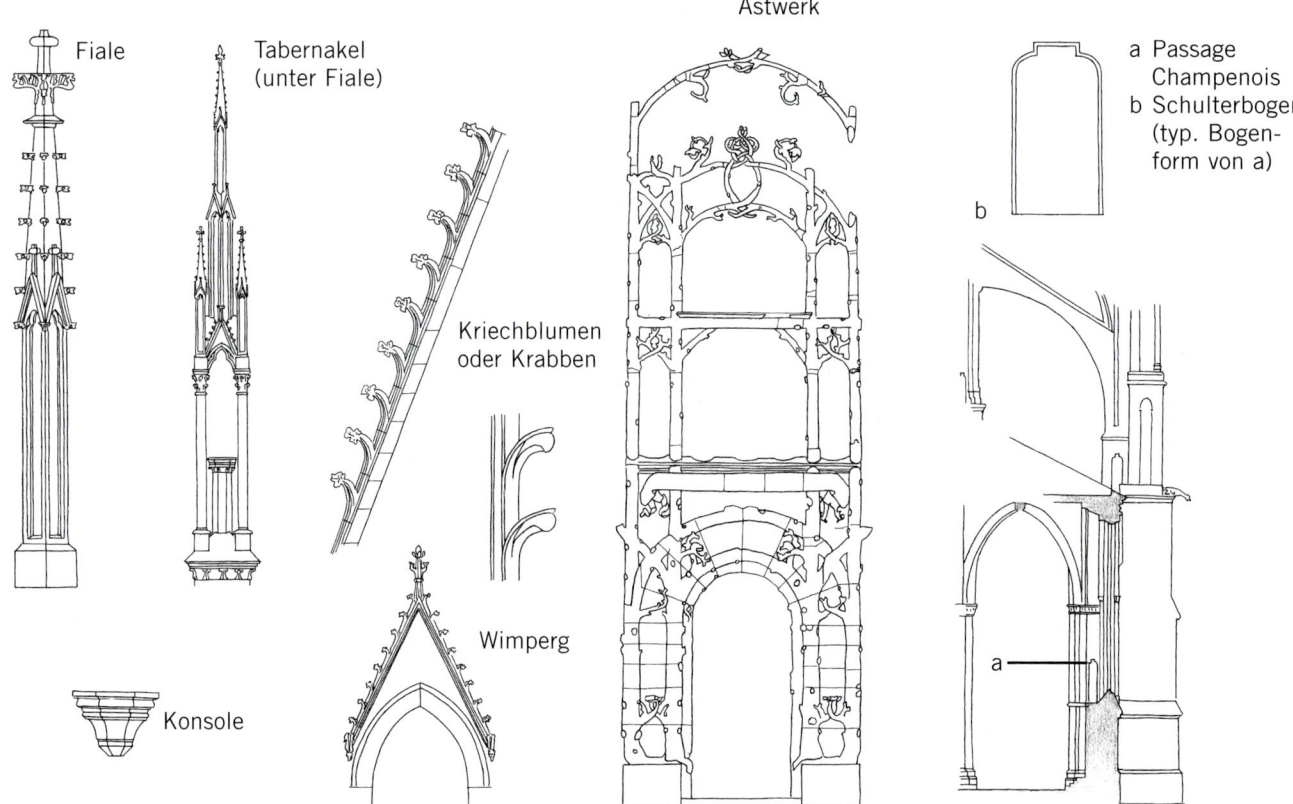

Fiale

Tabernakel
(unter Fiale)

Astwerk

Kriechblumen
oder Krabben

Wimperg

Konsole

a Passage
Champenois
b Schulterbogen
(typ. Bogen-
form von a)

Maßwerk

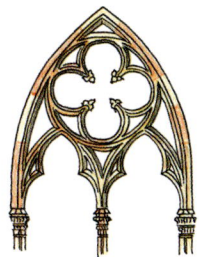 

Maßwerk-Couronnement eines Fensters aus dem 13. Jh.: ein Vierpass, von zwei Kleeblattlanzetten getragen

Maßwerk aus dem 15. Jh., bestehend aus vier sog. Fischblasen in zentrifugaler Anordnung

Wetzlar, Dom

Fortschreitender Bau der Gotik von Ost nach West unter sukzessivem Abbruch des romanischen Vorgängerbaus. Ein Rest des romanischen Westwerks mit Nordturm ist der einzige Teil der alten romanischen Kirche, der nicht von dem gotischen Neubau »verschlungen« wurde. Der Baustopp erfolgte durch Geldmangel.

Romanik

1170–1200

1235–1250

Frühgotik

ab 1250

1292–1307

Hoch- und Spätgotik

1360–1486

später

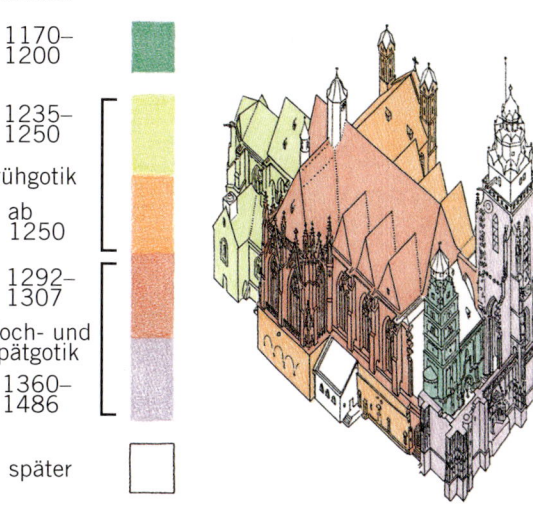

Nahtstellen für den Weiterbau (in der Senkrechten: Rüststeine)

Mittelalterlicher Baubetrieb

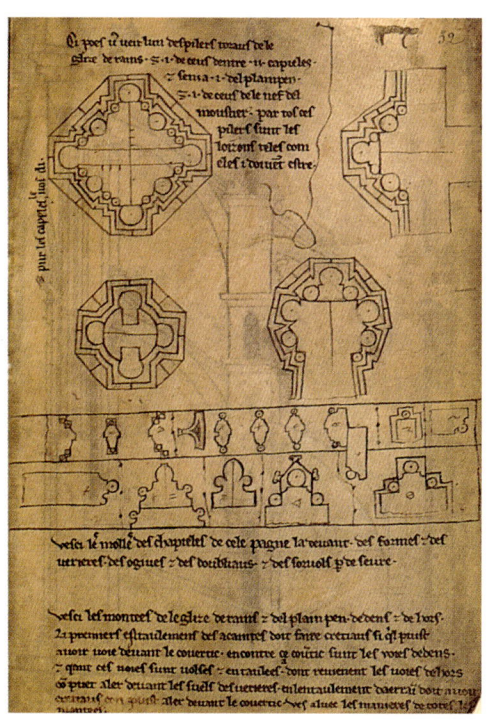

Villard de Honnecourt, »Bauhüttenbuch«,
Formsteine für Pfeiler und Fenster, Paris,
Bibliothèque Nationale, Ms. fr. 19093

Der älteste erhaltene Architekturtraktat ist die in zehn Bücher gegliederte Schrift De architectura des römischen Kriegs- und Festungsbaumeisters Marcus Vitruvius Pollio, die 28 v. Chr. erschien. Sie gibt ausführlich Auskunft über die Ausbildung des Baumeisters, über Entwurf und Gestaltung aller Gebäudegattungen, über Proportionen, Technik, Geräte und Maschinen sowie über Materialien und fasst die – übrigens gewaltigen – Kenntnisse der Zeit zusammen. Über die Organisation der Baustelle und ihre Finanzierung sagt sie nichts. Die zehn Bücher über Architektur wurden in karolingischer Zeit kopiert und dienten den Baumeistern, die Karls des Großen Aufträge zu erfüllen hatten, als Grundlage. Die Rolle Karls als Bauherr beschreibt der St. Galler Mönch Notker Balbulus in seinen Gesta Karoli (um 885). Karl habe, so berichtet er, in Aachen eine Kirche nach eigener Anordnung, herrlicher als die alten Werke der Römer, erbauen wollen. Dazu habe er aus allen Regionen diesseits des Meeres die Meister und Werkleute aller Künste dieser Art zusammengerufen, und über sie habe er zur Ausführung des Werkes einen Abt gesetzt, der von allen der Kundigste gewesen sei. Der Kaiser habe alle Großen der Umgebung angewiesen, die von ihnen abgesandten Werkleute zu unterhalten und alles Nötige zum Bau beizusteuern, während die aus entfernten Gegenden Kommenden durch den Haushofmeister Liutfried aus öffentlichen Mitteln ernährt und gekleidet werden mussten. Auch die Karlsvita von Einhard (833) und ein Brief Alkuins, des Vorstehers der königlichen Hofkapelle, an den Kaiser belegen, dass Karl selbst für eine prächtige Ausstattung sorgte und veranlasste, dass Säulen und Marmorplatten aus Rom und Ravenna herbeigeschafft wurden. Der Bauherr traf also selbst die Anordnungen über Finanzierung, Beschaffung des Materials und des Personals, und mit Sicherheit bestimmte er auch die Vorbilder. In diesem hoch prominenten Fall ist auch der Werkmeister bekannt. Es war Meister Odo von Metz. Architekt hat man ihn nicht genannt.

Der Begriff architectus bezeichnete noch bis zum 13. Jahrhundert neben den Werkmeistern oft auch die Stifter und Bauherren, ein frühes Beispiel ist der Abtskatalog von Fulda, wo Ratger (802–817) sapiens architectus genannt wird, ebenso wie Bischof Evraclus von Lüttich, Abt Wilhelm von Hirsau (1069–91), die Bischöfe Gerhard I. († 1049) und Gerhard II. (1076–92) von Cambrai usw. Hier mischen sich auch die Begriffe architectus und auctor.

Finanziert wurden die Kirchenbauten im Wesentlichen aus Stiftungen und Schenkungen, aber auch aus den bischöflichen oder klösterlichen Vermögen, die aus Barmitteln, beweglichen Gütern, Immobilien und Liegenschaften bestanden. Hinzu kam die Verpflichtung zu jährlichen Baubeiträ-

gen, wie z. B. beim Bau von Cluny III, den der spanische König großzügig
förderte. Die Verwaltung dieser kirchlichen Vermögen oblag dem bischöflichen Kirchenvorsteher bzw. dem Abt, teilweise überlagert durch herrschaft-
liche Strukturen, doch ist die mittelalterliche Rechtspraxis enorm komplex
und regional sehr unterschiedlich gewesen, und die Finanzierung einer
jeden Baustelle ist sehr individuell gehandhabt worden.

Die Verwaltung des umfangreichen Baubetriebs oblag der dem Domka-
pitel angegliederten, rechtlich aber eigenständigen Bauverwaltung, die
opus, opera oder fabrica genannt wurde. In manchen Städten besteht sie
heute noch. Diese Einrichtung verwaltete Finanzen und Personal, schloss
also auch die Verträge mit den Werkmeistern und war Bischof und Dom-
kapitel rechenschaftspflichtig.

Erhaltene mittelalterliche Bauakten geben Auskunft über die Arbeits-
zeiten und Löhne an den Baustellen. In der Regel wurden alle anfallenden
Arbeiten im Tagelohn erledigt, der Ende der Woche abgerechnet und aus-

**Erzbischof Anno II. von Köln mit seinen fünf
Kirchengründungen,** Vita Annonis Minor,
in Siegburg um 1180/81 entstanden,
Darmstadt, Hessische Landes- und Hoch-
schulbibliothek, Hs. 945, fol. 1 verso

Turmbau zu Babel, Hrabanus Maurus,
»De originibus«, 1023, Monte Cassino,
Klosterbibliothek, Cod. 132

gezahlt wurde; in Einzelfällen war Stücklohn möglich. Im Winter war dieser Lohn wegen der kürzeren Arbeitszeit geringer als im Sommer. Dieser Wechsel begründete sich in den Lichtverhältnissen. Im Sommer begann die Arbeitszeit um 5 Uhr morgens und dauerte bis 7 Uhr abends mit drei Essenspausen, so dass die reine Arbeitszeit ca. 11,5 Stunden betrug. Am Samstag endete sie um 5 Uhr nachmittags, an jedem zweiten Samstag schon um 3 Uhr, damit die Werkleute das Bad besuchen konnten. Der Wechsel von Sommer- und Winterzeit war auf den Tag präzise festgelegt, variierte aber regional um mehrere Tage. Im Winter betrug die Tagesarbeitszeit etwa 10 Stunden. Wegen der Einhaltung der zahlreichen Feier- und Gedenktage wurde allerdings nur etwa die Hälfte des Jahres gearbeitet.

Für die Planung eines Neubaus oder Umbaus suchte man zunächst einen geeigneten magister operis, einen Baumeister. In seinem immer wieder zitierten Tractatus de combustione et reparatione Cantuariensis ecclesiae aus dem Jahr 1185 beschreibt der Mönch Gervasius aus Canterbury die Brandkatastrophe des Jahres 1174, die dabei verlorenen Teile der Kirche und die Berufung des Baumeisters Wilhelm aus Sens, der dort seinerzeit eine der ersten frühgotischen Kathedralen Frankreichs erbaute, sowie dessen Ratschläge und Maßnahmen an der Baustelle der Kathedrale von Canterbury. Man hört von der mühseligen Steinbeschaffung vom Kontinent, von der Erfindung von Seilwinden und der Herstellung von Formen (Schablonen?) für das Behauen der Steine. Es folgen ein Bericht vom Fortgang der Baustelle und die Schilderung, wie Wilhelm 50 Fuß tief vom Gerüst stürzte und so schwer verletzt wurde, dass er schließlich in seine französische Heimat zurückkehrte und in Canterbury ein Nachfolger bestellt werden musste.

Die Klosterchronik von Bloemhof berichtet von den 1238 begonnenen, mühevollen Gründungsarbeiten der Backsteinkirche und gibt eine genaue Beschreibung von Materialien und Verarbeitungsweise, von der Anwerbung und Verpflegung der (um Gotteslohn arbeitenden) Arbeitskräfte und von den Schwierigkeiten einer Hungersnot, die durch schlechte Ernte ausgelöst wurde. Abschnittsweise liest sich die Chronik wie ein Lehrbuch für Gründungstechnik. Ein gezeichneter Plan existierte nicht, denn der Verfasser beschreibt die durch eine Bauunterbrechung nicht ausgeführten Teile zum Zweck einer späteren Vollendung nach dem ursprünglichen Plan.

Zeichnung nach Herrad von Landsberg,
»Hortus deliciarum«, fol. 27, 1175/91

Erst im 13. Jahrhundert entstand die Praxis, Pläne auf Pergament zu zeichnen. Um 1230 reiste der pikardische Zeichner und Maler Villard de Honnecourt durch Frankreich und hielt Grund- und Aufrisse der dort entstehenden Kathedralen in seinem Skizzenbuch fest. Es ist eine Art Lehrbuch oder architektonisches Tagebuch, das Gesehenes, aber auch Gedachtes festhielt. Wenig jünger, etwa von 1260, sind die ältesten erhaltenen Pläne auf Pergament – zwei Entwürfe für die Querhausfassaden von Reims und eine Zeichnung für die Westfassade von Straßburg. Von nun an war es die Regel, Fassaden- und Turmentwürfe auf Pergament festzuhalten. Beispiele sind der berühmte Riss des Kölner Doms, ohne den die Vollendung der Westfassade nicht möglich gewesen wäre, der berühmte Plan von Madern Gerthener für Frankfurt u. v. m.

Etwa ein halbes Jahrhundert früher begann ein Prozess, den man Individualisierung der Werkmeister bezeichnen könnte. Ab der Frühgotik wurde zur Regel, was an der Pfalzkapelle in Aachen oder in Cluny III und an wenigen anderen Beispielen die Ausnahme gewesen war: Die Quellen nennen neben dem Bauherrn und Stifter auch den Namen des Werkmeisters. Dies mag neben der Zunahme schriftlicher Überlieferung auch mit einem Wandel des Stils zu tun haben. Die Gotik ist mehr als die vorangegangenen Epochen ein künstlerischer Stil; sie zielte auf die Erzeugung bestimmter Raumwirkungen mit künstlerischen Mitteln – Wandauflösung, diaphane Struktur, farbiges Licht, steile Räume mit hoch liegenden Gewölben. Eine gotische Kirche ist in den meisten Fällen vielteiliger und komplizierter als eine romanische, und so wurden auch Entwurf, Ausführung und Baubetrieb komplexer und der Werkmeister unverzichtbarer und unverwechselbarer. Hinzu kam das aufkeimende Selbstbewusstsein des Bürgertums, das in den wachsenden Städten zu Wohlstand kam. Einem Bauherrn wie Karl dem Großen oder Konrad II., deren Kirchen in Aachen bzw. in Speyer zur Darstellung ihres Anspruchs und Programms dienten, begegnet man in der Gotik eher selten; Abt Suger, der Erbauer von Saint-Denis, ist ein solches Beispiel. Im Allgemeinen aber lag die Entwicklung der Architektur, die Steigerung von Größe und Wirkung nun in den Händen der Meister; Bauherren waren die Bischöfe und Kapitel, in gewisser Weise auch die Bürger der Städte, und die Aussage der Kathedrale zielte weniger auf ein Programm als auf die Demonstration von Größe.

Die technischen Mittel, die Werkzeuge und die Materialien sind in zahllosen Bild- und Schriftquellen benannt. Zu den frühesten mittelalterlichen Abbildungen zählen die Psychomachia des Prudentius, um 1000 in Süddeutschland entstanden, und De origine rerum, der Traktat von Hrabanus Maurus aus dem Jahr 1022/23. Sie zeigen Bilder von Bauarbeitern (und möglicherweise von Mönchen), die sägen, Mauern errichten und Material herbeischaffen. In der zweiten Hälfte des 12. Jahrhunderts werden die Nachrichten häufiger. Der nur in einer Kopie erhaltene Hortus deliciarum der Äbtissin Herrad von Landsberg aus dem Jahr 1175/91 überliefert im Kontext des Turmbaus zu Babel Steinmetzen und Handlanger am Werk. Ihre Geräte sind eine langstielige Mörtelmischhacke, Schlageisen und Holzklöppel, Doppelspitze (Spitzhacke), Lot, Richtscheit und Mörtelkelle – Geräte, wie sie teilweise noch heute verwendet werden. In der Vita der hll. Albanus und Amphibalus von Matthew Paris um 1250 werden außerdem Transportmittel dargestellt: hölzerne Schubkarren, Traggestell, Seilwinde (kein Flaschenzug). Leiterähnliche Laufschrägen dienen als Aufgang. Ein Zimmermann bearbeitet mit einem Breitbeil die Balken. Der Werkmeister wird durch die Attribute Zirkel und Winkel kenntlich gemacht.

Erhaltene Rüstlöcher im Mauerwerk und Pfostenlöcher im Boden belegen ebenso wie Abbildungen – z. B. ein Mosaik aus dem zweiten Viertel des 13. Jahrhunderts in der westlichen Vorhalle von San Marco in Venedig –, dass einfache Holzgerüste verwendet wurden. Solche Auslegergerüste sind seit der zweiten Hälfte des 12. Jahrhunderts abgebildet, während Stangengerüste nördlich der Alpen erst seit der Mitte des 14. Jahrhunderts bekannt gewesen sein dürften. Die chroniques et conquêtes de Charlemagne von J. de Tavernier von 1450/60 zeigen ein solches von Seilen zusammengehaltenes Gerüst. Solider wirkt das Gerüst, welches Benozzo Gozzoli 1468/85 auf einer Wandmalerei im Campo santo in Pisa darstellte. Auch die Seilwinden laufen nun über mehrere Rollen.

Baudarstellung aus »Roman des Girart de Roussillon«, Wien, Nationalbibliothek, Cod. 2554, fol. 164, 2. Hälfte 15. Jh.

Sakralarchitektur der Gotik

Segovia, Kathedrale, beg. 1525, Chor

Die dreischiffige Anlage mit nicht ausladendem Querhaus besitzt einen Umgangschor mit sieben Kapellen. Diese Disposition erzeugt am Außenbau eine harmonische Staffelung, durch die Strebepfeiler mit ihren kräftigen Fialen akzentuiert.

Der Begriff Gotik bezeichnet das europäische Kunstschaffen der Zeit zwischen etwa 1140 und 1500, wobei man berücksichtigen muss, dass die in der Île-de-France und in Nordfrankreich entwickelten neuen Bauideen sich zeitlich sehr stark versetzt ausbreiteten und beispielsweise in Italien schon bald nach 1400 durch die Renaissance verdrängt wurden. Der umfassende Erfolg humanistischen Gedankengutes und klassischer Bauformen bewirkte jahrhundertelang in weiten Kreisen eine Geringschätzung der Gotik, die erst durch die Romantik im 19. Jahrhundert rehabilitiert wurde. In Frankreich während eines halben Jahrhunderts zur Hochblüte entwickelt, ist sie dort zum Baustil der Kathedrale schlechthin geworden. Noch das 16. und 17. Jahrhundert hielten daran fest, wie das Beispiel der Kathedrale von Orléans beweist.

Barcelona, Kathedrale, beg. 1298, Chor

Mit 79 Meter Länge, 25 Meter Breite und
26 Meter Höhe ist die Kathedrale eines
der imposantesten Werke der katalanischen
Gotik, deren Entstehung Meister Jaume
Fabre leitete. 1337 wurde die Krypta unter
der Kathedrale vollendet.

Sakralarchitektur in Frankreich

Saint-Denis, ehem. Benediktiner-Abteikirche,
beg. zwischen 1140 und 1144, Außenansicht des Chors

Ein großer Teil jener Architekturmotive und -formen, die gemeinhin als typisch gotisch gelten, sind bereits im 11. Jahrhundert vor allem an den Sakralbauten der Normandie und Burgunds entwickelt worden und waren gegen Mitte des 12. Jahrhunderts bekannt: die durchgehend gleichen Joche, der Spitzbogen, das Triforium, die Doppelturmfassade und der Chorumgang, die zweischalige Wand und sogar das Rippengewölbe. Was also unterscheidet dann die Sakralarchitektur der Romanik vor derjenigen der Gotik, was ist das Charakteristische an ihr? Wer oder was initiierte einen Wandel der Sakralarchitektur und aus welchem Grund? Eine Antwort auf diese Fragen soll im Folgenden versucht werden.

Zunächst zu den Merkmalen: Aus technischer Sicht ist es die Erfindung des äußeren Strebeapparates, der die Voraussetzung für die gesamte architektonische Entwicklung des 12. und 13. Jahrhunderts bildete. Während des 11. Jahrhunderts hatten sich die Baumeister um Tonnengewölbe bemüht, deren Schub die Hochschiffmauern über ihre gesamte Länge belastete und deshalb bei relativ geringen Mittelschiffbreiten enorme Wandstärken erforderte. Mit der Entdeckung des Rippengewölbes und der Möglichkeit, den Schub der Rippen an den vier bzw. sechs Punkten, die ein Joch begrenzen, durch Strebepfeiler abzuleiten, wurde die Wand zur bloßen Außenhaut, und ihre Stärke war statisch nicht mehr relevant. Die Idee, die einzelnen Geschosszonen mit Raum zu hinterlegen, der schon die normannischen Architekten ihre Wölbungsversuche geopfert hatten, konnte sich nun frei entwickeln; die Mittelschiffwände konnten immer stärker aufgelöst werden. Die parallel sich entwickelnde Technik der Glasfassung und Glasmalerei schuf farbige Fenster in bis dahin nicht gekannter und sich stetig steigernder Größe, welche die Räume in ein mystisches Licht tauchten und gleichzeitig zur Fläche für umfangreiche Bildzyklen mit belehrendem Inhalt wurden. Zugleich erweiterte das neuartige System die räumlichen Grenzen. Es entstanden immer höhere und breitere Mittelschiffe. Der 1225 begonnene Chor der Kathedrale von Beauvais erreichte über 47 Meter Höhe bei einer Mittelschiffbreite von 16 Metern. Erst der spektakuläre Einsturz in Beauvais setzte diesem Streben ein vorläufiges Ende.

Auch die Behandlung der Wand änderte sich im 12. Jahrhundert grundsätzlich. In den Kirchen des 11. Jahrhunderts ruhten die Arkaden fast überall auf kreuzförmigen Pfeilern mit Vorlagen, die sich als Vorbereitung der Unterzüge oder Schwibbögen an der Hochwand fortsetzten. Die gestuften Arkaden wirkten wie aus der Mauer herausgeschnitten. Die Gotik indessen zielte auf plastische Gestaltung und Körperhaftigkeit aller Glieder. Sie bildete die Stützen als Rundpfeiler aus, darüber setzten drei oder fünf Dienste an, welche die Wölbungsprofile aufnahmen. So entstanden in der Emporen- und Triforiumszone anstelle der Wandstücke plastisch gestaltete Dienstbündel. Diese Dienstbündel wurden durch Schaftringe in regelmäßigen Abständen umfasst. Im Langhaus der Kathedrale von Laon berücksichtigen sie die geschosstrennenden Gesimse und machen die Maßverhältnisse der einzelnen Geschosse sichtbar (5:3:1:3/Arkaden:Empore:Triforium: Obergaden).

Die Erfindung des kantonierten Rundpfeilers in der Kathedrale von Chartres schließlich erfüllte das Streben der Gotik nach sichtbarer Einheitlichkeit und Zusammengehörigkeit aller Bauglieder, indem die Dienstbündel als Vorlage am Rundpfeiler entlanggeführt wurden.

Die Freiheit in der Gestaltung der Mittelschiffwände führte zunächst zu einem viergeschossigen Aufriss, mit dem schon die Kathedralen von Worcester und Gloucester experimentiert hatten. Über Arkaden und Empore folgten eine Reihe von Blendbögen, welche die bis dahin geschlossene Wand vor dem Emporengewölbe optisch auflöste, dann der Obergaden. Der erste viergeschossige Aufriss in Frankreich lässt sich für den Suger-Chor der Abteikirche Saint-Denis bei Paris (1140–44) nachweisen, den die Kathedralen von Senlis und Noyon (beide beg. um 1150/55) rezipieren. Schon im Langhaus von Noyon (in Senlis sind die Fenster nachträglich auf Kosten des ursprünglichen Triforiums verändert) lösen sich die Arkaden der Triforiumszone vom Grund und bilden einen Laufgang unter dem Obergaden. Das farbige Licht dringt durch die beinahe vollständig verglasten Kapellen, die Fenster der hohen Emporen und den Obergaden ein und belebt eine in allen Teilen plastisch durchgestaltete Wand mit lebhaften Licht-Schatten-Wirkungen.

Die Kathedrale von Chartres war nicht nur hinsichtlich der Pfeiler innovativ. Sie verzichtete erstmals auf die Empore. So entstand ein dreizoniger Aufriss mit Hochfenstern, deren Größe etwa derjenigen der Arkaden entsprach, und einem durchlaufenden Triforium, das wie ein Gürtel den gesamten Aufriss zusammenschloss. Der Ansatz des Gewölbes, der bis dahin stets am Fuß der Hochfenster gewesen war, lag nun am unteren Viertel des Fensters. Dieses Aufrisssystem hatte großen Erfolg. Es wurde Vorbild für die französischen Kathedralen des 13. Jahrhunderts. Reims (beg. 1211) regularisierte die kantonierten Rundpfeiler, die in Chartres noch zwischen oktogonal mit runden Diensten und rund mit oktogonalen Diensten alternierten, und schuf das umlaufende Kapitellband an diesen Pfeilern. In Amiens begegnet man dem frühesten belichteten Triforium.

Für den Grundriss adaptierte die Gotik den Chorumgang mit schwach ausbuchtenden Kapellen (siehe unten), die nicht mehr, wie im 11. Jahrhundert, als eigene Räume empfunden werden, sondern als verglaste Erweiterungen des Umgangs, und häufig das dreischiffige Querhaus. Der Grund für die Bevorzugung des dreischiffigen Querhauses liegt wohl im Streben der Zeit nach Einheitlichkeit und sichtbarer Zusammengehörigkeit aller Bauglieder. Dieselbe Wirkung erzielte aber der vollständige Verzicht auf ein Querhaus, Beispiele sind Sens (beg. 1137) und Bourges (beg. 1194). Der Umgangschor war die logische Konsequenz aus diesem Streben: Sein Aufriss konnte um den ganzen Bau herumgeführt werden – dies ist übrigens ein weiterer Grund für die fast ausschließliche Verwendung des Rundpfeilers. Zudem bildete der Umgang mit den Kapellen eine komplexe Raumschale für das Chorhaupt. In Saint-Denis, Paris (beg. 1163) und Bourges waren die Umgänge sogar zweischiffig. Die beiden Letzteren sind im Lang-

Noyon, Kathedrale Notre-Dame, Außenansicht des Chors, Baubeginn wahrscheinlich Mitte 12. Jh. und Innenansicht des Chors

Chartres, Kathedrale Notre-Dame, nach 1194, Detail der Südwand mit Strebebögen und -pfeilern (oben) und Haupteingang des Königsportals, linke Gewändefiguren, um 1145/55 (unten)

haus fünfschiffig – die Ausnahme auch in der Gotik. In Paris sind die Seitenschiffe gleich hoch, es entsteht also ein breiter Hallenumgang, ursprünglich ohne Kapellen. Die Kathedrale von Bourges dagegen ist ein Unikat. Dennoch ist sie eine der schönsten Kirchen der Gotik. Sie ist doppelt basilikal (vielleicht in Anlehnung an Cluny III – ein Versuch, der in den Chören von Le Mans und Coutances Nachfolge fand), d. h., die Mittelschiffarkaden, über denen ein Laufgangtriforium in der Form einer Empore und ein dreiteiliges Hochfenster liegen, rahmen den Aufriss des inneren Umgangs, der mit dem ersten nahezu identisch ist. Die enorme Höhe der inneren Pfeiler lässt Mittelschiff und innere Seitenschiffe optisch zu einer riesigen Halle zusammenschmelzen, die von den dunklen Korridoren der äußeren Seitenschiffe begleitet wird. Extrem schlanke Dienste umstehen die starken Pfeiler, deren vordere Segmente sich über die Hochwand fortsetzen. Dieser Kunstgriff des Architekten erweckt beim Betrachter den Eindruck, als setzten sich die Pfeiler in der Wand fort und trügen ganz allein die Gewölbe. Andererseits gewinnt die Wand durch den Wechsel von planen und gerundeten Partien eine ganz eigene Qualität, dieselbe Spannung, wie sie beispielsweise durch den Wechsel der extrem hohen und extrem gedrungenen Stützen entsteht.

Es liegt auf der Hand, dass die Architektur des 13. Jahrhunderts mit ihrem starken Hang zu plastischer Gestaltung und Durchgliederung zum Träger einer rasch und komplex sich entwickelnden Bauplastik wurde. Portal- und Kapitellplastik hatte es schon während des gesamten 12. Jahrhunderts gegeben. Ausgehend von diesen überschlanken, fast körperlos scheinenden Figuren bildete sich im späten 12. und im 13. Jahrhundert ein neuer Stil, der sich auch an antiken Vorbildern schulte. An die Stelle der Figuren auf den Kapitellen traten nun Knospen- und Blattmotive. Diejenigen Bauteile jedoch, die zuallererst eine Gestaltung erforderten, waren die Fenster. Die Erfindung und die Entwicklung des Maßwerks für die Gliederung der Fenster lösten eine ebenso große Veränderung des hoch- und spätgotischen Wandgefüges aus, wie es das äußere Strebewerk in der Frühgotik getan hatte. In den ältesten Kirchen der Frühgotik – Noyon, Laon, Paris und Saint-Denis – waren die Fenster als ungeteilte Lanzetten gebildet. Windeisen hielten die farbigen Glasscheiben. Im Chor von Saint-Rémi in Reims, der ab etwa 1170/80 anstelle des romanischen Vorgängers entstand und ebenfalls einen vierzonigen Aufriss besitzt, bilden drei Lanzetten je Joch den Obergaden, wobei das mittlere, der Gewölbekappe folgend, höher ist. Sie scheinen aus der Wand herausgeschnitten, auf deren Oberfläche feine Säulchen und rahmende Rundprofile gelegt sind, die sich nach unten gliedernd über das Triforium fortsetzen. Im Mittelschiff von Bourges sind die drei Lanzetten gleich hoch und reichen kaum in den Schildbogen hinein, in dem sich ein Okulus öffnet. Das dreizonige Wandkonzept von Chartres hatte die Hochfenster noch größer werden lassen. Ihre Binnengliederung zielt offensichtlich auf mehr Licht, denn weil der Okulus hier im Zwickel zwischen zwei Lanzetten liegt, sind die verbleibenden Wandflächen deutlich geringer geworden. Das erste wirkliche Maßwerk trat kurz nach 1211 in den Chorkapellen der Kathedrale von Reims auf. Die verbleibende Wand zwischen den Öffnungen ist überall auf dünne Stege reduziert. Der Fortschritt gegenüber dem »Plattenmaßwerk« liegt zum einen in der noch einmal gesteigerten Größe der Fenster und ihrer noch eindrücklicheren Dominanz gegenüber der Architektur, zum anderen in der Möglichkeit, die

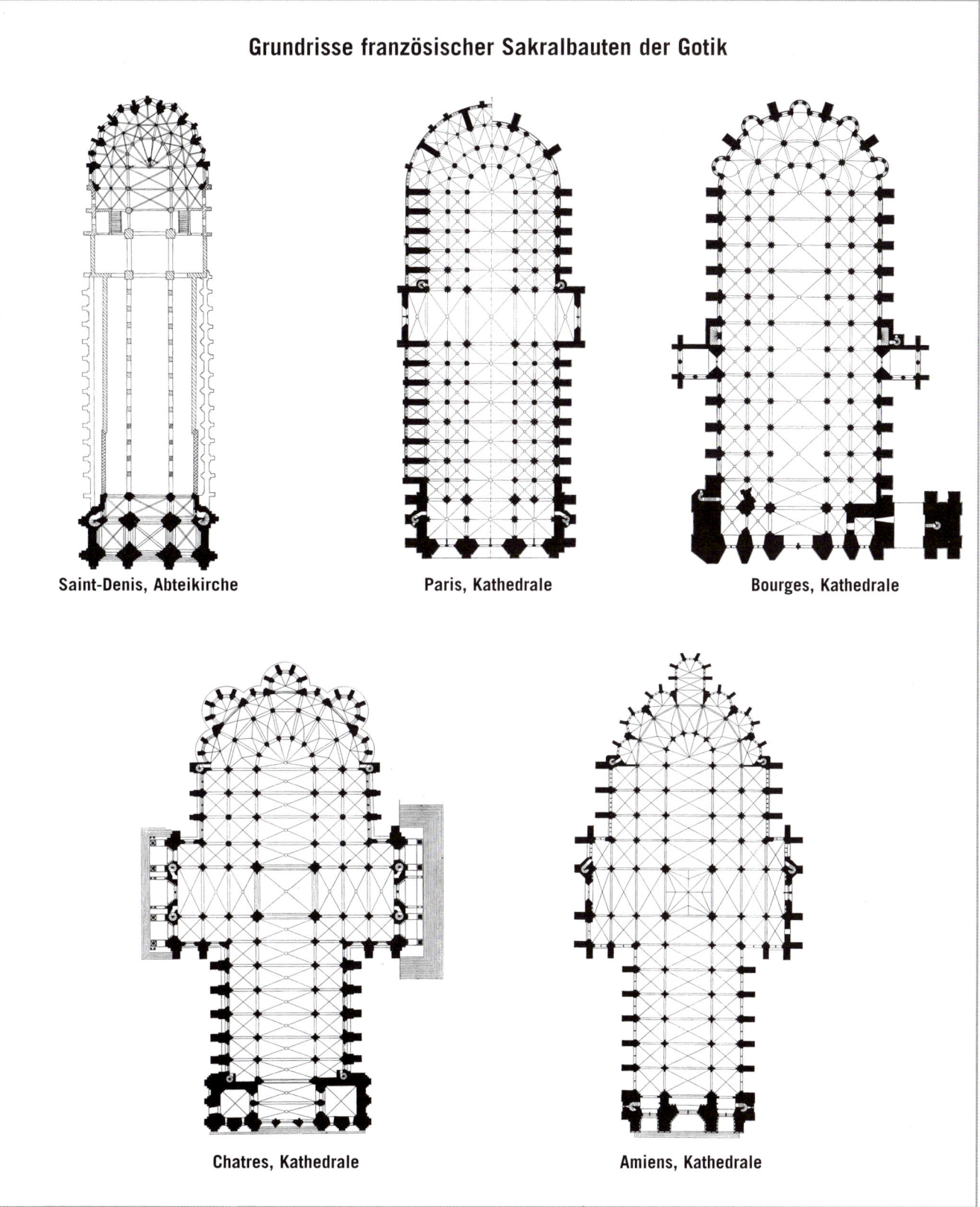

Grundrisse französischer Sakralbauten der Gotik

Saint-Denis, Abteikirche

Paris, Kathedrale

Bourges, Kathedrale

Chatres, Kathedrale

Amiens, Kathedrale

Form der Fenster in allen Partien des Baus zu vereinheitlichen. Schon im frühgotischen Chor von Saint-Rémi greifen die Stege zwischen den Lanzetten über das Triforium hinweg und gliedern es ebenfalls in drei Teile. Im Hochchor der Kathedrale von Reims wird dies konsequent zu Ende geführt: Die Rundstäbe, die den Maßwerkstäben aufgelegt sind, werden nach unten weitergeführt, um Triforium und Hochfenster in einen Artikulationszusammenhang zu stellen. Später führte dies dazu, dass das Maßwerk mit seinen sich vervielfältigenden Formen zu einem Netz wurde, das die ganze Wand durchdrang, ja sie sogar ersetzte; Beispiele sind das Langhaus, das Querhaus und die Oberteile des Chors von Saint-Denis, der Chor der Kathedrale von Beauvais (1250 ff.), Saint-Ouen in Rouen (erste Hälfte 14. Jahrhundert) u. a. m.

An den Fassaden, die zunächst noch durch das dem Triumphbogen entlehnte Motiv der drei Portale, durch die drei Fenstergruppen und eine Bogengalerie für Figuren (Saint-Denis, Laon, Paris) geprägt gewesen waren, wurde durch die Verwendung von Maßwerk und Blendmaßwerk zu einem von Klein- und Kleinstformen überzogenen Konstrukt, an dem jede freie Fläche gestaltet ist. Zum Maßwerk kamen Baldachine, Fialen, Wimperge, Krabben und Kreuzblumen und Wasserspeier hinzu. Die durch Strebepfeiler und -bögen ohnehin stark bewegten und gegliederten Seitenfassaden und Chöre bieten so ein verwirrendes und zugleich faszinierendes Bild, in dem die Linien einander treffen, überkreuzen, auseinander streben und mit jedem Schritt stets neue Strukturen bilden.

Mit Amiens war die Ausformung der gotischen Kirche vorläufig abgeschlossen. Die Architektur, die nun entstand, wird unter dem Begriff Rayonnant zusammengefasst. In dieser Zeit entwickeln sich die Gliederungs- und Maßwerkformen zu immer zierlicheren und filigraneren Mustern. Wieder ist es Saint-Denis, diesmal das Langhaus, das ab den dreißiger Jahren das karolingische ersetzte (das mit Sicherheit geplante Suger-Langhaus war nicht zur Ausführung gekommen). Die Pfeiler des fünfschiffigen Baus sind ganz von einem Mantel eng stehender, schlanker Dienste verhüllt, die im Mittelschiff zum Gewölbeansatz aufsteigen. Dieser fällt nun zusammen mit dem Bogenansatz des Fensters. Gewaltige Maßwerkrosen, die dünn wie Pergament wirken, füllen die gesamte Oberwand der Querhausstirnen. Die königlichen Schlosskapellen in Saint-Germain-en-Laye und die Sainte-Chapelle in Paris gehören mit ihren schlanken, feinen Gliederungen in diesen Kontext, die Chorkapelle von Saint-Germer-de-Fly ebenso wie die Kathedrale von Carcassonne u. v. a.

Nach 1300 führte diese Entwicklung schließlich dazu, auch die Triforienzone mehr und mehr zur Brüstung der Hochfenster umzuformen. Die Kathedrale von Évreux (beg. um 1300) und Saint-Ouen in Rouen (beg. 1318) sind frühe Beispiele. Die Hochwände verlieren noch mehr Substanz, sie werden zu dünnen, reich durchbrochenen Folien, da der Laufgang im Triforium aufgegeben wird. Am Ende dieser Entwicklung steht die 1434 begonnene und erst im 18. Jahrhundert vollendete Kathedrale von Nantes mit ihren gigantisch hohen Arkaden zwischen strähnig-feingliedrigen Pfeilern.

Die Gründe für die Suche nach neuen Formen sind, wie fast immer, in einem Wandel der Machtverhältnisse und der Gesellschaft zu suchen. König Ludwig VI. (1081–1137), der erste Kapetinger auf dem französischen Thron, begann, beraten durch Abt Suger von Saint-Denis, das französische

Saint-Denis, ehem. Benediktiner-Abteikirche, Langhaus nach Osten, nach 1231

LINKE SEITE **Beauvais, Kathedrale Saint-Pierre,** Außenansicht des Chors, beg. 1225, nach Einsturz 1284 erneuert

Saint-Germer-de-Fly, ehem. Benediktiner-Abteikirche, um 1260/65, Außen- und Innensicht der Chorscheitelkapelle

Königtum zu stärken. Er unterwarf die ihn bedrängenden Vasallen der Krondomäne und suchte die Verbindung zu Kirche und Städten. Sein Anspruch war umfassend: Er berief sich nicht nur auf die Autorität Karls des Großen, der in Saint-Denis zum fränkischen König gekrönt worden war, und Karls des Kahlen, der dort mit den anderen fränkischen und französischen Königen beigesetzt war, sondern auf die Rolle des Königs – und besonders des französischen Königs – im göttlichen Heilsplan. Sein Sohn Ludwig VII. (1120–80) nahm mit Konrad III. am Kreuzzug teil. Während dieser Zeit war Abt Suger Regent von Frankreich – und bis zu seinem Tod 1151 blieb er Ludwigs wichtigster Berater. Nach Sugers Tod ließ er sich von Eleonore von Aquitanien scheiden, die Heinrich II. von England heiratete, der aus dieser Ehe weitreichende Erbschaftsansprüche ableitete.

Gewinner dieser neuen Machtverhältnisse waren die Städte und vor allem die Bischöfe, unter deren Einfluss sich die Volksfrömmigkeit wandelte. Bis dahin hatte das Verlangen des Kirchenvolkes auf die Berührung von Reliquien gezielt, die in den Krypten und in den zahlreichen Altären der Klöster aufbewahrt worden waren. Dies hatte im 11. Jahrhundert eine wirtschaftliche und kirchenpolitische Blüte der Klöster bewirkt (z. B. Cluny). Künftig lag es im Interesse von Bischöfen und Kapitel, das Frömmigkeitsverlangen der Gläubigen auf die Kathedrale zu konzentrieren, und es entwickelte sich eine Liturgie, welche die Person des Bischofs ins Zentrum des Geschehens rückte. An die Stelle der Heiligenverehrung durch Berührung von Reliquien trat künftig die Verehrung der heiligen Hostie, die visuelle Teilnahme am Mysterium, an der Wandlung von Brot und Wein zu Leib und Blut Christi, die auf dem Hauptaltar von Priestern und Diakonen vollzogen wurde. Die Liturgie wurde zu einem vielfältigen, komplizierten und sinnbetörenden Schauspiel, in dem die kostbaren Gewänder, Paramente und Kirchengeräte, das farbige Licht der Fenster, die polyphone Kirchenmusik (die ihren Ursprung ebenfalls in dieser Zeit hat) und die kultischen Handlungen ein dichtes Netz von symbolischen und allegorischen Hinweisen auf das Ineinanderfließen von irdischer und himmlischer Welt während der Messen woben. Die Hierarchie in der Geistlichkeit erlangte Bedeutung! Es war nicht mehr gleichgültig, wer die transzendierenden Handlungen zelebrierte; die Person des Bischofs gewann gleichzeitig Nähe und Distanz.

Die neue Liturgie benötigte Räume, die die Sakralbauten des 11. Jahrhunderts nicht boten. Der Hauptaltar musste umgehbar sein, damit man die Handlungen und den Kirchenschatz (Reliquienschreine, Kelche, Leuchter etc.) auf dem Hauptaltar von allen Seiten gut sehen konnte. Der Kirchenraum brauchte Licht und Weite und, wie es scheint, Einheitlichkeit in der architektonischen Gestaltung, um den Raum des Volkes mit dem noch immer höher gelegenen und durch Schranken ausgegrenzten und ausgezeichneten Platz der Kleriker optisch zusammenzuschließen.

Am Beginn der Gotik stehen zwei Großbauten: die Kathedrale von Sens, eine sechsteilig gewölbte, ursprünglich nur mit einem engen Querhaus ausgestattete Emporenbasilika (Hochfenster und Querhaus nachträglich vergrößert) in der Tradition der normannischen Kirchen, sowie Westbau und Chor der Abteikirche von Saint-Denis bei Paris. Dort war der Bauherr Abt Suger, der Regent Frankreichs. Saint-Denis ist ein programmatischer Bau – wer hätte es anders erwartet! Suger begann seine Baumaßnahme, die er umfassend schriftlich dokumentierte, mit der Wiederherstellung der kaiserlichen Gedächtnisstiftungen zur Erinnerung an Karl den Kahlen und berief sich damit auf die karolingische Tradition des französischen Königtums. Schon die Allianz zwischen Königtum und Kirche, zu der er Ludwig geraten hatte, verweist auf Karl den Großen, und ebenso wie Karl mit der Pfalzkapelle in Aachen durch die Verwendung von Vorbildern und Motiven aus sorgfältig gewählten Sinn- und Bedeutungszusammenhängen einen neuen Stil schuf, bediente sich Suger in Saint-Denis dieser Vorgehensweise. Der 1137 begonnene Westbau (im 18. und 19. Jahrhundert verändert) ist dreischiffig und zwei Joche tief. Im Erdgeschoss besitzt er drei große Portale, die die Erinnerung an römische Triumphtore nahe legen. Im Obergeschoss befinden sich mehrere Kapellen. Ein Zinnenkranz umschließt den mächtigen Baublock, dessen turmartige Strebepfeiler ihn stark plastisch gliedern und wie eine Stadtmauer aussehen lassen – zweifellos ein Hinweis auf die weltliche Macht des Abtes ebenso wie auf das Himmlische Jerusalem. Aber dieser Westbau knüpft in Form und Funktion auch an das Westwerk an, das in der karolingischen Architektur an ebenjenen Anlagen auftritt, die mit dem Kaiser in Verbindung stehen.

Noch sinnfälliger ist die Lösung des 1140 begonnenen Chors, von dem leider nur noch die untere Zone steht. Offenbar von den Pilgerkirchen angeregt, ließ Suger einen Chorumgang mit Kapellen errichten. Ganz neu ist aber, dass die Kapellen unmittelbar aneinander anschließen und von einem doppelten Umgang begleitet sind, dessen extrem schlanke Stützen nicht raumtrennend, sondern raumverbindend wirken (die zuweilen als Vorbilder genannten Kirchen Saint-Germer-de-Fly und Saint-Martin-des-Champs sind Umplanungen nach dem Vorbild von Saint-Denis!). So entstand im Grundriss eine Vierteiligkeit – Chorhaupt, innerer Umgang, äußerer Umgang, Kapellen –, die sich im Aufriss wiederholte. Dort folgten auf das Arkadengeschoss Empore, Triforium und Obergaden, wie es an den Nachfolgern von Saint-Denis in Senlis und Noyon noch zu sehen ist. Der extrem große Anteil an verglasten Flächen in den Kapellen ließ eine Hülle farbig schimmernden Lichts entstehen, das wegen der schlanken Stützen ungehindert bis in das Chorhaupt eindringen konnte, wo es durch die Emporen und den Obergaden fortgesetzt wurde. Suger selbst sprach von lux continua und meinte das gleichmäßige farbige Licht im gesamten Chorbereich. Saint-Denis hat die Ziele für den Sakralbau formuliert. In den nicht dem Kronland zugehörenden Gebieten entstanden Sonderformen der Gotik.

Rouen, Saint-Ouen, beg. 1318, Innenansicht nach Osten

Narbonne, Kathedrale, ab 1272

In Burgund hatte das Vorbild Cluny III lange nachgewirkt, und erst kurz vor 1200 gab es erste gotische Bauten. Das früheste Beispiel ist der Chor der Zisterzienserkirche von Pontigny, der ab etwa 1285 erbaut wurde und den älteren, geraden Chor ersetzte. Das Motiv der in einem weiten Halbkreis zusammengefassten Kapellen sollte in der deutschen Spätgotik eine Rolle spielen. Von außen verrät nur das offene Strebewerk, dass der Hochchor ein Rippengewölbe besitzt. Die radial angeordneten Kapellen sind noch ganz im Sinne der Romanik vom Umgang abgesetzt, und auch der zweizonige Hochchor verrät nur in den Einzelformen der Bögen und Kapitelle und im Rippengewölbe seine Zugehörigkeit zur Gotik. Zu den bedeutenden gotischen Kirchen in Burgund gehören der Chor von Sainte-Madelaine in Vézelay (spätes 12. Jahrhundert), Saint-Père-sous-Vézely (ab 1225/30), die Kathedrale von Auxerre, die ab 1215 an der Stelle mehrerer aufeinander folgender Vorgänger erbaut wurde und im Chor noch frühgotische Züge besitzt, die Stadtkirche Notre-Dame in Dijon, ein schlichter, dennoch zierlicher Bau aus der Zeit um 1220/30 mit seiner einzigartigen Fassade, das Langhaus von Saint-Bénigne in Dijon, welches das ältere von 1001–18 ersetzte, Notre-Dame in Semur-en-Auxois (1220/25 ff.), Notre-Dame in Auxonne (1235/37 ff.) und Notre-Dame in Cluny. Daneben entstanden eine ganze Reihe hübscher, einfacher Landkirchen, die z. T. ursprünglich Burgkirchen gewesen sind, z. B. Talant (1240/45 ff.), Rouvres-en-Plaine (1233 ff.), Saint-Thibault-en-Auxois (1240/50 ff.) u. a. m.

In der Normandie fand die Frühgotik der Île-de-France rasch Aufnahme, obgleich dieses Gebiet erst 1204 unter König Philippe Auguste an Frankreich zurückkam. Es entstanden hauptsächlich Kathedralen: Lisieux (ab ca. 1160/70), Coutances, Bayeux, Rouen (ab 1200), Le Mans, Chor (1217–34), aber auch Klosterkirchen wie Fécamp oder die Chöre von Saint-Étienne in Caen, Mont-Saint-Michel und Jumièges. Die Stützenformen, die Reduktion oder der Verzicht auf das Triforium, das Festhalten an den hohen Emporen oder an Emporen ähnlichen Öffnungen und der Laufgang vor dem Obergaden verweisen jedoch vielerorts noch deutlich auf die normannischen Traditionen. Die Dekoration der Bogenzwickel mit Passformen verbindet die Normandie mit England.

Der Westen Frankreichs, seit der Scheidung Ludwigs VII. von Eleonore von Aquitanien und deren zweiter Ehe mit dem englischen König Heinrich II. von diesem beansprucht, hat kaum gotische Bauten hervorgebracht. Die Kathedrale von Angers, begonnen um die Mitte des 12. Jahrhunderts, ist eine Saalkirche mit Querhaus, halbrunder Apsis und zweizonigem Aufriss. Charakteristisch sind die kuppeligen Gewölbe mit schlanken aufgelegten Rippen, die sog. angevinischen Gewölbe. Andere Beispiele für solche Wölbungsformen sind Saint-Serge in Angers (frühes 13. Jahrhundert) und die Kathedrale Saint-Pierre in Poitiers, ein dreischiffiger Hallenbau, der mehr romanische als gotische Merkmale besitzt.

Die Gebiete der Grafschaft Toulouse und des Languedoc standen bis 1271 unter dem Einfluss der Grafen von Toulouse, deren Macht in den Albigenserkriegen gebrochen wurde. Kathedralen entstanden erst in der Folge: Narbonne, Carcassonne, Perpignan ab 1324, Montpellier ab 1364. Perpignan beweist, wie stark auch im Süden die lokalen Traditionen gewesen sind: Sie ist eine einschiffige Wandpfeilerkirche mit einfachen Okuli anstelle des Obergadens. Narbonne und Carcassonne sind schöne, reich gegliederte Bauten der Spätgotik.

Carcassonne, Kathedrale Saint-Nazaire, beg. 1283, Chor und Querhaus

LINKE SEITE **Paris, Notre-Dame,** Fensterrose des Nordquerhauses, um 1250

FOLGENDE DOPPELSEITE **Saint-Denis, ehem. Abteikirche,** Westbau (linke Seite), 1137–40, Chorumgang (rechte Seite), 1140–44

Mit dem heute leider stark restaurierten Westbau begann Abt Suger seine Erneuerung der traditionsreichen königlichen Abtei. Diese Westfassade bildet den Ausgangspunkt einer Entwicklung, die zur klassischen hochgotischen Kathedralfassade führte.

Der Umgangschor, dem mit Sicherheit auch noch ein Langhaus folgen sollte, ist nur in seiner unteren Zone erhalten. Erstaunlich ist noch heute die Transparenz der Umgänge und Kapellennischen, die ständig wechselnde Raummuster bilden.

Laon, Kathedrale, Langhaus, beg. um 1170/80, Fassade, beg. vor 1200

Das Langhaus entstand etwa ab 1200 nach einem leichten Planwechsel. Der Stützenwechsel in den Ostjochen verrät die Versuche mit den Stützenformen, die als reine Rundpfeiler keine echte Verbindung zu den darüber ansetzenden Diensten hatten. Die Fassade von Laon bezieht erstmals den Typus der Doppelturmfassade konsequent auf den Innenraum, dessen Maße und Formen nach außen transponiert werden. Zudem zeigt sich außen die gleiche Neigung zu starker Plastizität und räumlicher Durchformung wie im Innern.

FOLGENDE DOPPELSEITE **Paris, Kathedrale Notre-Dame,** beg. 1163, Gewölbe (linke Seite), Chor (rechte Seite)

Durch die spätere Vergrößerung der Obergadenfenster ist das Mittelschiff von Notre-Dame heute dreizonig. Nur die Joche nächst der Vierung sind rekonstruiert und zeigen die Okuli, die ursprünglich zwischen Empore und Hochfenster lagen.

Die sechsteiligen Gewölbe werden durchgehend von drei Diensten vorbereitet, so dass es jeweils an den Jochgrenzen keinen Dienst für den Schildbogen gibt, der statt dessen neben der Diagonalrippe auf demselben Dienst endet.

Der Aufriss des Chors ist exakt auf das Langhaus übertragen worden. Einziger Unterschied ist die Breite der Arkaden. Deshalb findet über den engeren Bögen des Chors nur ein Doppelbogen (anstelle eines Dreierbogens im Langhaus) Platz.

Soissons, Kathedrale, ab etwa 1180, Außenansicht von Osten, Innenansicht nach Osten

Der ursprüngliche Plan eines Trikonchos mit
Umgängen im Osten wurde um 1200 unter
dem Eindruck der Kathedrale von Chartres
aufgegeben, als dessen Nachfolger der Chor,
das dreischiffige Nordquerhaus und das
Langhaus anzusehen sind.

Von Osten auf den Chor blickend, erkennt
man die nur durch Strebepfeiler voneinander
getrennten Kapellen, die mit drei Polygon-
seiten leicht ausschwingen, und das in glei-
cher Höhe aufsteigende, schlanke Chorhaupt
mit seinen geschosshohen Fenstern.

LINKS UND FOLGENDE DOPPELSEITE
Chartres, Kathedrale, beg. 1194, Sicht auf
Stadt und Kirche, Hauptportal, 1145/55,
Innenansicht

In der französischen Stadt ist die Kathedrale
fast immer der unübersehbare Mittelpunkt.
Als größte Kirche der Stadt setzt sie mit
ihren Türmen und den komplexen Bauformen, von Strebebögen wie von einem locke-
ren Mantel eingehüllt, ein Zeichen königli-
cher und bischöflicher Macht.

Das Westportal der Kathedrale von Chartres
trägt traditionell die Bezeichnung Königspor-
tal. Es gilt als eines der Hauptwerke frühgotischer Plastik. Besondere Aufmerksamkeit
haben immer wieder die Gewändestatuen
auf sich gezogen, an denen die Verbindung
von hermatischer Stilisierung und ausdrucks-
starker Lebensnähe auffällt. Letzteres
bezieht sich auf die Gesichter, denen Viollet-
le-Duc »den Charakter von Bildnissen, und
zwar Bildnissen von Meisterhand« attestier-
te.

Mit der Kathedrale von Chartres werden zwei
Motive in die Entwicklung eingeführt, die
künftig kanonisch wurden: der dreizonige
Aufriss mit dem durchgehenden Triforium
und der kantonierte Rundpfeiler, der die
Synthese bildet zwischen der Rundstütze
und der vom Boden her aufgeführten, durchgehenden Gliederung.

Bourges, Kathedrale, beg. 1194,
Außenansicht von Südost

Die Kathedrale von Bourges ist ein Unikat,
das nur wenig Nachfolge fand. Sie ist
fünfschiffig, doppelt basilikal und besitzt
kein Querhaus. Die am inneren Umgang
extrem hohen und am äußeren Umgang
extrem gedrungenen Pfeiler erzeugen
einen Raumeindruck, der an keiner anderen
gotischen Kirche Frankreichs wiederholt
werden konnte.

Reims, Kathedrale, beg. 1211, Westfassade, nach 1254, Innenansicht nach Westen

Mit der Kathedrale von Reims etablierte sich die Hochgotik. In allen Teilen einheitlich und geschossübergreifend gegliedert, erfüllte sie die ästhetischen Forderungen vollkommen, indem sie auch die kantonierten Rundpfeiler regularisierte (in Chartres hatten runde Pfeiler mit oktogonalen Diensten mit oktogonalen Pfeilern mit runden Diensten gewechselt) und ihnen alles umfassende Kapitellringe anfügte.

An den Chorkapellen begegnet man dem ersten ausgeprägten Maßwerk, das nur noch aus dünnen Graten und aufgelegten Profilen besteht. Die Strebepfeiler sind gegenüber den älteren Bauten nun ebenfalls durch Figurennischen aufgelöst und von Fialen und Kreuzblumen bekrönt.

Ähnlich wie der Chor bereicherte sich auch die Westfassade um zahlreiche Schmuckformen. An den Portalen wurde das Tympanon aufgegeben und durch Fenster ersetzt – Vierpässe in den Seiten und eine Rose am Mittelportal, die sich monumental im Obergeschoss wiederholt.

FOLGENDE DOPPELSEITE **Amiens, Kathedrale,** beg. 1220, Innenansicht nach Osten und Westfassade

Mit Amiens beginnt die dekorative Ausformung der Hochgotik. Das Maßwerk des Obergadens schließt das Triforium in seinen Zusammenhang ein, am Fuß des Triforiums verläuft ein Schmuckband, und am Chor schmücken Wimperge, die bis dahin nur am Außenbau zu bemerken waren, die Bögen des Triforiums, das hier zum ersten Mal belichtet ist.

Die Fassade vertauscht gegenüber der Reimser Westseite die Geschosse und schiebt zwischen Portalzone und Rosengeschoss einen Laufgang mit Maßwerk und die Figurengalerie. So entsteht ein geschlossener Unterbau, auf dem sich die Türme höher und filigraner erheben.

Paris, Sainte-Chapelle, gew. 1248, Innenansicht der Unterkirche (oben) und Oberkirche (rechte Seite)

Für die von Kaiser Balduin II. erworbene Dornenkrone, die 1239 nach Paris gebracht wurde, ließ König Ludwig IX. die zweigeschossige Sainte-Chapelle errichten, als kostbaren Schrein, dessen Architektur und Ausstattung die Sakralisierung des Königs von Frankreich noch weiter förderte und zur Schau stellte.

Sakralarchitektur in Deutschland

Köln, Dom St. Petrus und Maria, beg. 1248, Chorweihe 1322, Außenansicht von Osten

In die deutschsprachigen Gebiete kam die Gotik mit großer Zeitverzögerung. Zwar trifft man im Elsaß schon während der zweiten Hälfte des 12. Jahrhunderts Rippengewölbe über romanisch konzipierten Räumen, aber erst nach 1200 finden die neuen Ideen aus Frankreich ihren Weg über den Rhein.

Die politische Situation des 13. und 14. Jahrhunderts war in den deutschen Ländern anders als in Frankreich, wo die Gotik als Instrument des Königshauses und der mit ihm in politischer Allianz stehenden Bischöfe entstanden war und entwickelt worden ist. Im Machtvakuum der Thronstreitigkeiten zwischen Staufern und Welfen gewannen zwar ebenfalls die Bischöfe Einfluss, jedoch war ihr Verhältnis zu den Königen eher umgekehrt als in Frankreich. Von ihrer Macht zeugen die Dome in Bamberg, Naumburg, Halberstadt, Regensburg, Köln, Straßburg. Konkurrenz erwuchs ihnen im Bürgertum, das Wohlstand und Selbstbewusstsein erlangte. Die prosperierenden Städte organisierten sich und verschafften sich die bis dahin meist den Klöstern vorbehaltenen pfarrkirchlichen Rechte. So wurde die Gotik auch zum Ausdrucksmittel bürgerlichen Stolzes und Anspruchs. Die dritte bedeutende Bauaufgabe bildeten die Ordenskirchen, im Wesentlichen die Kirchen der Zisterzienser und der Bettelorden.

Vermutlich sind es die Vielzahl der Auftraggeber und ihre wechselseitige Unabhängigkeit oder Konkurrenz, die im deutschen Sprachraum während fast zwei Jahrhunderten ein verwirrend vielfältiges und qualitativ nicht leicht einschätzbares Bild der Sakralarchitektur erzeugten. Erst in der zweiten Hälfte des 14. Jahrhunderts gelang die Ausformung eines rein deutsch-gotischen Stiles. Dazwischen gibt es regionale Eigentümlichkeiten wie die westfälischen Hallenkirchen oder die Backsteingotik im Norden und eine Reihe hervorragender Einzelleistungen.

Vor allem die Bischöfe trennten sich vielerorts nicht von älteren Traditionen – man denke an die Chöre des Bamberger Doms (ab ca. 1220) oder des Straßburger Münsters (ab ca. 1190/1200) und den Westchor des Mainzer Doms (gew. 1239). Die Tatsache überhaupt, dass weiterhin Westchöre entstanden, z. B. auch am Dom in Naumburg (Mitte 13. Jahrhundert), spricht für den Bestand der älteren Traditionen. Eine Vielzahl von Experimenten, Einflüssen und Vorbildern ist spürbar und dokumentiert die Suche nach gültigen Formen und Schemata. So experimentierte man beim Dom von Münster mit westfranzösischen, sog. angevinischen Gewölben, der Dom von Limburg an der Lahn (1215–35) kombinierte einen frühgotischen vierzonigen Aufriss nach dem Vorbild Noyon mit einem rheinischen Stützenwechsel und sechsteiligen Rippengewölben und mit einem reich dekorierten spätromanischen Außenbau. Der Dom von Magdeburg, dessen ottonischer Vorgänger 1207 niederbrannte und der ab 1209 neu entstand, ist mit seinen schweren Pfeilern, den gedrungenen Arkaden, den massiven Oberwänden, dem altertümlichen Emporenaufriss und dem Verzicht auf offenes Strebewerk trotz gotischer Einzelformen und der in einer späteren Umplanung erhöhten Obergadenfenster ebenfalls zu den »Zwittern« zu rechnen.

In Köln legte der mächtige und selbstbewusste Erzbischof Konrad von Hochstaden 1248 den Grundstein für eine neue Kathedrale. Spätestens 1304 standen der Chor und die Ostmauer des Querhauses. Vorbild in Grund- und Aufriss ist die 1220 begonnene Kathedrale von Amiens, die in der Ausladung des Querhauses und der Fünfschiffigkeit des Langhauses von Köln noch übertroffen wird (vgl. Grundrisse S. 143). Die Arbeiten zogen sich bis 1560 hin und wurden dann eingestellt. Erst im 19. Jahrhundert wurde der Kölner Dom unter dem Eindruck eines erwachenden Nationalgefühls vollendet. Maßgeblich für die Vollendung der Westfassade und der Türme war ein über 4 Meter großer Pergamentplan der Westfassade aus der Zeit um 1300. Dennoch ist der Kölner Dom ein reines Beispiel französischer Kathedralgotik in Deutschland. Dasselbe gilt für den Chor des Aachener Münsters, der zwischen 1355 und 1414 anstelle des karolingischen Rechteckchors entstand und die Sainte-Chapelle in Paris wiederholt, und für das ca. 1240 begonnene Langhaus der Kathedrale von Straßburg. Nach vier Bränden während des 12. Jahrhunderts wurde sie ab ca. 1180 auf den Fundamenten des Wernher-Baus erneuert. Die Ostteile sind jedoch rein spätromanisch. Die Bischofskirchen folgten fast ausschließlich dem Bautyp der Basilika.

Neben die Basilika trat im 13. Jahrhundert der Bautyp der Hallenkirche in ganz unterschiedlichen Ausprägungen. St. Elisabeth in Marburg, 1235 vom Deutschen Ritterorden gegründet, besitzt im Osten zur Erfüllung ihrer unterschiedlichen Funktionen einen Trikonchos, das Langhaus ist eine Halle, deren Stützen- und Gewölbesystem ebenso wie die Maßwerkfenster die perfekte Kenntnis der Gotik der Champagne verraten. Dasselbe gilt für St. Maria in Trier (beg. vor 1242), einen der seltenen Zentralbauten. Auch hier weisen Gliederung und Einzelformen auf die Champagne. St. Maria zur Höhe in Soest (zweites Viertel des 13. Jahrhunderts) ist eine gedrungene Anlage mit kuppeligen Gewölben auf schweren Quadratpfeilern, und der Dom zu Paderborn (1225–76) wirkt mit seinen traditionellen Pfeiler- und Wölbungsformen nicht eben modern, während die Dome von Minden (1276–90) und Verden (beg. vor 1297) die Kenntnis französischer Stützen- und Gewölbeformen erkennen lassen. Alle genannten Beispiele haben indessen noch das herkömmliche Verhältnis breiter Mittelschiffe und schmaler Seitenschiffe beibehalten, das sich im 14. Jahrhundert zugunsten breiter Seitenschiffe verändern sollte. Über die Gründe für die weitreichende Übernahme des Hallentyps lässt sich nur spekulieren. Mag sein, dass es die betonte Schlichtheit des Außenbaus und die weiträumigen, hellen und gleichmäßigen Innenräume waren, die für die Hallenkirche sprachen. Man benötigte kein offenes Strebewerk und konnte die Seitenschiffe auf die Breite der Mittelschiffe vergrößern. Häufig besitzt sie kein Querhaus, damit die eindrucksvolle Reihung der ungemein steilen Pfeilerarkaden nicht unterbrochen wird, oder an die Stelle des Querhauses treten niedrige Kapellen. Durch den Wegfall der traditionellen Geschossgliederung sind die gelängten Pfeiler ohne unterbrechende Kapitelle die einzigen

Regensburg, Dom, beg. 1273, Außenwanddetail mit Strebebögen und -pfeilern

Magdeburg, Dom, frühgotischer Chor (ab 1209) mit wiederverwendeten antiken Säulen des ottonischen Vorgängerbaus

raumgliedernden Elemente, und das Licht aus den hohen Fenstern der Seitenschiffe kann ungehindert den ganzen Raum durchfluten. Die Gesamtbreite des Raumes wuchs ebenso wie das Maß des gesamten umbauten Raumes, das sich über den Seitenschiffen, verglichen mit der Basilika, etwa verdoppelte.

Im Norden setzte sich die Verwendung von Backstein auch in der Gotik fort. Die Marienkirche in Lübeck wurde zum Vorbild für viele Kirchen des Ostseeraums. 1160 war die bis dahin wendische heidnische Siedlung durch Heinrich den Löwen zum Bischofssitz erhoben und mit erheblichen Privilegien ausgestattet worden. Neben dem Dom entstand zunächst eine kleine Stadtkirche. Ab 1220 wurde sie durch eine Backsteinbasilika mit Chorumgang und drei Kapellen ersetzt, die den Dom an Größe übertraf. Nach mehrmaligem Planwechsel entstand bis etwa 1290 ein zweizoniger Innenraum mit einem Laufgang vor den hohen Fenstern des Obergadens. Anstelle eines Querhauses sind dem siebten und achten Joch zweijochige Kapellen angefügt. Eine Doppelturmfassade begrenzt den vergleichsweise schlichten Außenbau. Die Nikolaikirche in Stralsund, 1276 begonnen, ist unzweifelhaft ein Nachfolger von St. Marien, wenn sie auch nicht so steil proportioniert ist. Die eckigen Pfeiler von Lübeck mit ihren zahllosen überschlanken Diensten sind in Stralsund zu stämmigen Oktogonen geworden; die geschlossene Brüstung vor dem Laufgang setzt einen kräftigen horizontalen Akzent zwischen den beiden Zonen des Aufrisses. Auch in Schwerin, Wismar, Rostock, Wolgast, Stargard, Greifswald, ja sogar in Malmö und Riga wurden die begonnen Hallenkirchen unter dem Einfluss von Lübeck zu Basiliken umgeplant. Noch die 1380 begonnene Marienkirche von Stralsund steht unter diesem Einfluss. Es scheint, als habe die Hanse für ihre Hauptkirchen den Typus der Kathedrale bzw. der Basilika adaptiert.

Für Kirchen von geringerer Bedeutung blieb der Hallentypus verbindlich. Oft sind dies schlichte Rechteckräume ohne Querhaus und rangbetonende Chorschranken. Beispiele sind St. Marien in Greifswald, die Marienkirche in Stendal und St. Johannis in Lüneburg, allesamt sachliche und vergleichsweise bescheidene Bauten, während die Marienkirche in Danzig (1343–1502) mit ihren reichen Zellengewölben und ihrem massigen Westturm eine durchaus eindrucksvolle Vertreterin dieses Typs ist.

Die Entscheidung, auf Haustein zu verzichten, verlieh den Kirche des Nordens einen unverwechselbaren Charakter, aber er setzte auch Grenzen. Bauplastik, die andernorts das Erscheinungsbild wesentlich prägt, ist in Ziegel nur sehr begrenzt ausführbar. Aus diesem Grund wirken vor allem die Außenbauten überwiegend schlicht. Die Backsteingotik half sich seit dem 14. Jahrhundert mit ihren eigenen Mitteln über diesen Mangel hinweg. Das Ergebnis sind die reichen, fein durchbrochenen Fassaden, erhalten beispielsweise an St. Marien in Prenzlau, am Zisterzienserkloster Chorin und an der Marienkirche in Neubrandenburg sowie an zahlreichen Profanbauten.

Zu Beginn des 13. Jahrhunderts hatten die hll. Franziskus und Dominikus die ersten Bettelorden gegründet. Als wandernde Prediger in der Nachfolge Jesu suchten sie in den wachsenden Städten ihre Zuhörer und vermittelten wortgewaltig die Heilswahrheiten erstmals den Ärmsten. Als die Orden immer mehr Anhänger fanden, entstand eine neue Bauaufgabe – die Bettelordenskirche. Da sie eine Predigtkirche und dem Ideal der Orden

Stralsund, St. Nikolai, Seitenschiff und Mittelschiffwand, ab 1276

gemäß bescheiden sein sollte, genügten vorläufig ein ungewölbter Lang-
haussaal und unbedeutende Ostteile. Später, mit dem wachsenden Wohlstand der Orden, wandelten sich die Kirchen wohl auch zu zwei- oder dreischiffigen Wölbungsräumen; ihr Aufriss blieb indessen immer zweige-
schossig. Gegen 1300 wurden auch die Chöre länger – vermutlich um
Raum für den wachsenden Konvent zu bieten. In Straßburg war der Chor
von 8 Metern im Jahr 1307 auf 29 Meter vergrößert worden. Herausragen-
de Beispiele für Bettelordenskirchen sind die Dominikanerkirche in Col-
mar (1283/1306–ca. 1339), die Dominikanerkirche St. Paul in Esslingen
(ca. 1230/40–68), die Dominikanerkirche St. Blasius in Regensburg (beg.
1229/30), die Dominikanerkirche in Erfurt u. a. m. In Imbach entstand

**Marburg, ehem. Spital- und Wallfahrtskirche
St. Elisabeth,** beg. 1235, Innenansicht nach
Westen

Aachen, Münster, Innenansicht des Chors,
um 1355–1415

zwischen 1269 und 1285 eine Dominikanerinnenkirche; sie ist zweischiffig und gewölbt, besitzt aber keinerlei ursprüngliche Streben. Im Westen der breit proportionierten Kirche befindet sich über dem niedrigen Eingang eine Nonnenempore.

Einen wichtigen Beitrag zur Verbreitung der Gotik leisteten die Zisterzienser. Ab etwa 1230 lockerten sie ihre strengen Bauvorschriften und ließen schließlich auch »Kathedralmotive« oder den Typ der Halle zu. Zu den ältesten Zisterzienserniederlassungen im deutschsprachigen Gebiet gehört wohl das Kloster Heiligenkreuz in Niederösterreich, dessen Kirche ein 1187 geweihtes romanisches Langhaus besitzt. Der um 1295 vollendete Hallenchor ist, der zisterziensischen Tradition folgend, rechteckig. Die Proportionierung und Gliederung der Stützen, die Gewölbe und das zarte Maßwerk in den fast raumhohen Fenstern machen ihn indessen zu einem der elegantesten Werke seiner Zeit. Das Langhaus in Zwettl verweist auf das Vorbild Heiligenkreuz, ist aber mit einem Umgangschor nach dem Vorbild Pontigny kombiniert. Auch im 1202 gegründeten Zisterzienserkloster Lilienfeld in Niederösterreich konnte 1230 ein Hallenchor geweiht werden. Die Zisterzienserkirche in Doberan, ein Backsteinbau (1294–1368), erhielt ein – zumindest aufgemaltes – Triforium und Blattkapitelle, während der Außenbau noch immer dem frühen zisterziensischen Modell verpflichtet blieb. Im Querhaus, das durch eine doppelgeschossige Arkade abgetrennt ist, ruht das Gewölbe auf einer zentralen Stütze, die dem Raum ebenfalls Hallencharakter verleiht. Dieselbe Disposition findet man in Pelplin (ab 1276). Die Klosterkirche in Altenberg (um 1380) nähert sich schließlich in Aufriss und Proportionen der Kathedrale. Ab dem späten 13. Jahrhundert waren wohl auch Maßwerk, Farbverglasung und figürliche Malerei zugelassen, wie die Klosterkirchen von Salem (erste Hälfte des 14. Jahrhunderts), Altenberg und Heina zeigen. Die Fassade der als Ruine erhaltenen Klosterkirche Chorin (1273–1377), die zugleich das Hauskloster der askanischen Markgrafen gewesen ist, zeigt, zu welchen Konzessionen auch die Zisterzienser schließlich bereit waren. Die reich gegliederte dreiteilige Front besitzt Nischen und Maßwerkfenster und schließt mit einer lebhaften, fast verspielten Silhouette aus Giebeln und Türmchen.

Mit der zweiten Hälfte des 14. Jahrhunderts setzte die Spätgotik ein, die einheitlicher und leichter zu erfassen ist als die ältere Architektur. Sie ist die Leistung einiger innovativer und hervorragender Baumeister, unter denen die Mitglieder der Familie Parler, besonders Peter, Dombaumeister Kaiser Karls IV. in Prag, an erster Stelle zu nennen sind.

1344 wurde Prag zum Sitz eines Erzbistums erhoben. Karl IV. beauftragte unverzüglich Matthias von Arras mit der Errichtung einer Kathedralkirche. Dieser begann mit dem Bau der Ostteile und errichtete die fünf Kranzkapellen, den Umgang und die Arkaden des Chorhauptes im Stil der südfranzösischen Gotik. 1352 starb Matthias und wurde durch Peter Parler ersetzt. Parler hielt am Typ der Basilika fest, doch formte er sie zu einem dynamischen, schwingenden Raum um . Über den steilen und eng stehenden Arkaden zieht sich ein Triforium entlang, dessen Rückwand mit den Hochfenstern eine einzige Glasfläche bildet. Eine Mauerschräge, die jeweils zu den Pfeilern hin schräg nach vorn geführt wird, deckt es ab und lässt das Triforium gehäuseartig nach vorn treten. So entsteht der Eindruck einer Wellenbewegung in der Mitte des Aufrisses. Die jochtrennenden Rippen des Gewölbes hat Parler weggelassen, stattdessen verdoppelte er die Diago-

Doberan, ehem. Zisterzienserkirche,
1294–1368, Ostansicht

Nürnberg, St. Lorenz, Innenansicht des Chors, beg. 1445

Ulm, Münster, Turm, beg. 1392

nalrippen – auch dies mit dem Effekt, dass der gleichmäßig fortschreitende Rhythmus der Joche einer Pendelbewegung gewichen ist. Dies hat nun mit der französischen Hoch- oder Spätgotik nichts mehr zu tun. Man begegnet einer ganz anderen Architekturauffassung; sie ist heiterer, spielerischer, experimentell und genial. Es ist derselbe Geist, der in Frankreich die Frühgotik prägte, auch wenn er dort zu anderen Ergebnissen kam.

Offenbar hatten Peter Parler oder sein Vater Heinrich die charakteristischen Motive des Prager Raumkonzeptes schon einmal in kleinerem Maßstab getestet, nämlich am Chor der ab 1351 erbauten Heilig-Kreuz-Kirche in Schwäbisch-Gmünd. Zwar handelt es sich hier um einen Hallenchor (das Langhaus ist basilikal), dessen Kapellen in einem weiten Polygon zusammengefasst sind (angeregt durch Pontigny und spätere zisterziensische Chöre?), aber die Motive und die Wirkung sind durchaus vergleichbar. Da sind zum einen das sich über die Pfeiler hinweg verkröpfende Gesims zwischen Kapelleneingängen und Obergaden und zum anderen das Fehlen der jochtrennenden Rippen, was nicht nur den Rhythmus aufhebt, sondern auch die Verbindung zu den Pfeilern und damit zu irgend einem tragenden Element überhaupt. Später entwickelte sich aus dieser Art der Wölbung das Netzgewölbe, das die deutsche Spätgotik charakterisiert.

Der Typ der Hallenkirche wurde dominierend (ein Beispiel für eine Basilika ist noch das Ulmer Münster, 1392–1471, die Stadtkirche der Bürger). Die Pfeiler nahmen nun überwiegend runden oder oktogonalen Querschnitt an, die Seitenschiffe wurden breit. Doch während sich eine Gruppe zu rigorosem Verzicht auf Dekoration und Gliederung bekannte, profitierte die andere noch jahrzehntelang von den Parlerschen Ideen. Beispiele für die erste Gruppe sind die Frauenkirche in München (1468–88), St. Martin in Landshut (1385–ca. 1460), die ehem. Hauptpfarrkirche in Salzburg (ab 1408) und St. Georg in Nördlingen. Die farblich abgesetzten Netzgewölbe bilden mit den Maßwerkfenstern den einzigen, zurückhaltenden Schmuck der Innenräume. Auch die Außenbauten, wegen der Aufrisskonzeption und der Breite der Schiffe oft riesige, kastenartige Gebäude im Stadtbild, sind betont schlicht, von geschlossenem Umriss, und nur die weithin sichtbaren Türme – in München zwei, in Landshut einer – sind hier wie auch in Ulm oder Freiburg Ausdruck und Wahrzeichen des Bürgerstolzes.

Die andere Gruppe umfasst hauptsächlich die sächsischen Hallenkirchen – St. Anna in Annaberg, die Stiftskirche in Freiberg (ab 1484), die Marienkirchen in Zwickau, Pirna und Marienberg, St. Wolfgang in Schneeberg und die Marktkirche in Halle. Sie folgen alle mehr oder weniger dem Vorbild St. Lorenz in Nürnberg, dessen Hallenchor 1445 begonnen und spätestens 1466 vollendet worden ist. Hier findet man das Motiv des sich verkröpfenden Gesimses verwandelt und gesteigert wieder. Bekrönt von einer Maßwerkbrüstung, bildet es nun bienenkorbartige Kanzeln zwischen der unteren und der oberen Fensterreihe des Chorrundes. In Sachsen werden die Schmuckmotive bereichert, das Gewölbe vervielfältigt seine Einzelformen. Mit den spätgotischen Kirchen Frankreichs haben sie nicht mehr viel gemein. Sie repräsentieren ein anderes Raumgefühl, eine größere Freiheit im Gebrauch der Schmuckmotive und eine stärkere Plastizität in der Behandlung der Wand.

Altenberg, ehem. Zisterzienserkirche, beg. 1259, Außenansicht von Nordost

LINKE SEITE **Annaberg, St. Anna,** Innenansicht nach Osten, 1499–1525

Trier, Liebfrauenkirche, 1233/34–60,
Innenansicht, Außenansicht von Südost

Der kreuzförmige Zentralbau entstand über
einer spätantiken Anlage des 4. Jahrhunderts. Die steile Proportionierung, die im
Innern ebenso wie am Außenbau klar her-
vortritt, sowie die schlanken Stützen und
Gliederungen lassen die Kenntnis der Frühgotik in der Champagne erkennen.

Straßburg, Kathedrale, Südwestansicht

An die spätromanischen Ostteile, die ab etwa 1180 entstanden und die Fundamente des Wernher-Baus (um 1000) weiterbenutzten, entstand ab ca. 1240 ein hochgotisches Langhaus, dessen Dimensionen ebenfalls durch den Vorgängerbau bestimmt wurden.

Die Westfassade, die 1277 begonnen wurde und Erwin von Steinbach zugeschrieben wird, ist zweischalig; die Rückwand dient einem dichten Netz von feinstem Maßwerk als Grund für vielteiligen Schattenwurf.

FOLGENDE DOPPELSEITE **Köln, Dom,** beg. 1248, Chor (linke Seite), Mittelschiffwand (rechte Seite)

Erzbischof Konrad von Hochstaden legte 1248 den Grundstein für seinen ehrgeizigen Domneubau. Das Vorbild war die 1220 begonnene Kathedrale von Amiens, die Köln mit seinen Dimensionen noch übertrifft. Vollendet wurde der Dom erst im 19. Jahrhundert.

Lübeck, Marienkirche,
ab etwa 1260/65–1351

Die Lübecker Marienkirche ist ein Hauptver-
treter der Backsteingotik, die im gesamten
Ostseeraum zum Vorbild für die großen
Stadtkirchen wurde. In bewusster Ablehnung
der Halle wählte man den Bautyp der großen
gotischen Kathedralen Frankreichs, die
Basilika. Einziges Vertikalelement sind
die beiden hohen Westtürme, die die Altstadt Lübecks dominieren. Dahinter entwickelt sich das Langhaus im gleichmäßigen
Rhythmus seiner Strebebögen.

Prenzlau, Marienkirche, ab 1325

Die Fassade ist ein Beispiel für die Gestaltungsmöglichkeiten, die sich die Backsteingotik im 14. Jahrhundert geschaffen hatte.

RECHTE SEITE **Chorin,** ehem. Zisterzienser-Klosterkirche, 1273–1334

Als Hauskloster der askanischen Landgrafen war Chorin reicher und repräsentativer ausgestattet. Das zeigt sich besonders an der Fassade mit dem hohen, von Giebeln und Türmchen bekrönten Mittelblock.

OBEN **Salem, ehem. Zisterzienser-Klosterkirche,** gew. 1414

LINKS **Oppenheim, St. Katharina,** beg. 1317

Diese Beispiele von Maßwerkfenstern zeigen die Vielzahl der möglichen Formen in der Gestaltung der Fenster. Das Fenster aus Salem beweist, dass nun auch die Zisterzienser ihre strengen Bauvorschriften so weit gelockert hatten, dass Maßwerkfenster – und übrigens auch Farbverglasungen – erlaubt waren.

Landshut, St. Martin, 1385–1460

LINKE SEITE **München, Frauenkirche,
1468–88**

Die Bürgerkirchen der beiden Residenzstädte
der Wittelsbacher, München und Landshut,
sind Vertreterinnen jener Gruppe der Hallenkirchen, die auf Schmuck verzichten. Ihre
Schönheit liegt in der Weiträumigkeit und in
der Wirkung der Netzgewölbe begründet.

FOLGENDE DOPPELSEITE **Prag, Dom St.Veit,**
beg. nach 1352, Außen- und Innenansicht
des Chors

Die Ostansicht zeigt die nebeneinanderge-
setzten Umgangskapellen südfranzösischer
Prägung des Matthias von Arras, die Peter
Parler genial mit dem Glasgehäuse seines
Chorhauptes bekrönte. Im Chorhaupt begegnet man dem Motiv des schwingenden
Kranzgesimses wieder, das Parler hier
mit großartiger Wirkung auf das Triforium
anwandte, das nun als bewegte Maßwerk-
galerie den Obergadenfenstern vorgelegt ist.

Wien, Dom St. Stephan, ab 1304, romanische Westfassade, Kanzel von Anton Pilgram

1304 begannen Planungen für eine Erneuerung des Chors an der 1263 vollendeten Stephanskirche in Wien. 1340 wurde der dreischiffige Hallenchor geweiht. 1359 folgte der Um- und Neubau der übrigen Teile, welcher nur die doppeltürmige Westanlage mit Emporen respektierte und mit den Außenmauern des als Staffelhalle konzipierten Langhauses und dem Südturm begann. 1450 wurde der Grundstein für den Nordturm gelegt. Die Bauornamentik an den Maßwerkgiebeln der Südseite und am Südturm und die plastische Ausstattung repräsentieren die späteste Stilstufe der Gotik.

Sakralarchitektur in Italien

Orvieto, Dom, beg. 1290, Fassadendetail

Es ist diskutiert worden, ob die Sakralarchitektur des 13. Jahrhunderts in Italien überhaupt der Gotik zuzuordnen ist. Während nämlich die Profanbauten unter dem Einfluss der sich neu konstituierenden städtischen Organisation ihre Formen von Anfang an nach ihren neuen Funktionen ausrichteten, folgten die Sakralbauten weiterhin älteren Traditionen oder entstanden als Fortsetzung oder Vollendung bereits begonnener Projekte. Dabei kam es zu Prozessen der Anpassung und Umwandlung. So unterscheiden sich die Außenbauten von Sant' Andrea in Vercelli (1219–24) oder der Dom von Trient (beg. um 1212) nur in Einzelformen von den Bauten des 12. Jahrhunderts. Im Innern allerdings entspricht Vercelli den Formen einer bescheidenen gotischen Landkirche.

Andere Gründe für das komplexe Bild der italienischen Sakralarchitektur des 13. Jahrhunderts sind die politische und kulturelle Uneinigkeit, die in Italien herrschte, sowie die spürbare Neigung zur Individualität, die wohl in der heftigen Konkurrenz zwischen Orden, Bischöfen, Kommunen und privaten Auftraggebern in der Gestaltung der Städte sowie in der Rivalität der Städte ihren Grund haben.

Beispiele für die mögliche Vielfalt sind der Dom in Orvieto, mit seinem zweizonigen Aufriss und dem offenen Dachstuhl ein vollkommen traditioneller Bau, der Dom in Siena, dessen romanischer Innenraum nach gigantischen Erweiterungsprojekten nur einen Maßwerkobergaden und eine Rippenwölbung erhielt, und der Dom von Florenz, welcher ebenfalls nach langen und komplizierten Planungen ein riesiges Langhaus nach dem Modell Santa Croce (siehe unten rechts) erhielt, das 1378 vollendet war. Die Kuppel ist das Werk von Filippo Brunelleschi, der ab 1420 mit der Vollendung der Anlage beauftragt war.

Es waren die beiden frühen Bettelorden, Franziskaner und Dominikaner, die die ersten gotischen Kirchen in Italien erbauten. Ihre Architektur benutzt unterschiedliche Vorbilder, und sie ist in sich nicht einheitlich, wenngleich gemeinsame Grundzüge zu erkennen sind. 1228, im Jahr seiner Heiligsprechung, begann in Assisi der Bau der Doppelkirche als Grablege von Franziskus. 1253 wurde sie geweiht. San Francesco ist weniger der Architektur als vielmehr der Fresken wegen berühmt, auf denen Giotto das Leben des Heiligen darstellte. Fünf quadratische Joche bilden einen Saal, der in einer flachen polygonalen Apsis endet und dem zwei hochrechteckige Joche als Querhaus angefügt sind. Der Wand aufgelegte Dienstbündel bereiten die Rippengewölbe vor. Ein Laufgang führt unterhalb der einfachen schlanken Maßwerklanzetten entlang. Die französischen Vorbilder (Angers, Fontevraud) und Nachfolger (diese allerdings mit Kuppeln) liegen alle im Westen Frankreichs. San Francesco wurde zum Vorbild für Santa

Chiara in Assisi und für viele Kirchen in Mittelitalien. Die Franziskanerkirche in Bologna verarbeitet andere Einflüsse. Sie ist eine querhauslose, über oktogonalen Pfeilern sechsteilig gewölbte Basilika mit Chorumgang und eckigen Kranzkapellen. Der Grundriss scheint eine vereinfachte Variante der Klosterkirche von Pontigny zu sein, vor allem des frühgotischen Chors. Die sechsteilige Langhauswölbung über Stützen ohne Dienste ist eine starke Vereinfachung des Wölbungssystems von Notre-Dame in Paris. Auch die Dominikanerkirche Santa Maria Novella in Florenz hat ein zweizoniges basilikales Langhaus mit vierteiligem Rippengewölbe. Daran schließen ein Querhaus mit quadratischen Kapellen und ein platt geschlossener Chor an. Dies ist das ältere zisterziensische Konzept. Doch sind hier die Arkaden weit geschwungen und ruhen auf schlanken Rundpfeilern mit einer Vorlage. Nach Osten hin verringert sich die Arkadenbreite und unterstützt den perspektivischen Effekt. Vermutlich in Konkurrenz zu Santa Maria Novella entstand ab 1294 in Florenz die Franziskanerkirche Santa Croce, die die Dominikanerkirche in ihren Maßen noch übertrifft. Auch sie ist eine Basilika mit oktogonalen Pfeilern und einem Laufgang auf Konsolen am Fuß des Obergadens, aber sie ist (aufgrund einer Umplanung?) ungewölbt. Der Grundriss der Ostteile ist wieder zisterziensisch. Eine Art Chorschranke, an

San Galgano, ehem. Zisterzienser-Abteikirche, beg. 1224, Blick in die Ruine des Langhauses

Siena, Dom, Umbau der romanischen Anlage ab 1. Hälfte 13. Jh., Langhaus

welcher der Laufgang entlangführt, trennt das Langhaus von den gewölbten Ostteilen. Der hohe Bogen in der Mitte rahmt exakt das Chorhaupt mit seinen hohen, farbig verglasten Maßwerkfenstern, die beiden niedrigen Bögen zu beiden Seiten fassen das Fenster einer Chorkapelle ein; ihnen entspricht je ein zweites Fenster darüber. Diese subtile Tiefenschichtung und Hinterlegung mit Raum und Licht hat durchaus gotischen Charakter.

Noch die beiden Hauptwerke der venezianischen Gotik, die Dominikanerkirche San Giovanni e Paolo und die Franziskanerkirche Santa Maria Gloriosa dei Frari (beide um 1330 begonnen und erst im 15. Jahrhundert vollendet), setzten die Grundrissdisposition von Florenz fort, allerdings mit reduzierter Kapellenzahl. Je zwei bzw. drei quadratische Kapellen mit einer eigenen Apsis flankieren das Chorhaupt aus Vorjoch und Apsis. Ein fünfteiliges Querhaus vermittelt zum dreischiffigen, gewölbten Langhaus. Das Chorhaupt ist nun in mehreren Maßwerkzonen aufgelöst und ganz verglast. Auch die beiden Langhäuser sind identisch mit ihren hohen und breiten Arkaden, die wie in Santa Croce etwa zwei Drittel der Gesamthöhe einnehmen. Weil man auch hier auf das äußere Strebewerk verzichtete, war der Einbau von Zugbalken an allen Stellen des Gewölbeansatzes notwendig. Im Unterschied zu den Schirmfassaden der toskanischen Kirchen, welche den basilikalen Aufriss verdecken, erhielten die beiden venezianischen Bettelordenskirchen Querschnittfassaden.

1310 wurde in Padua die Kirche des hl. Antonius vollendet, der Santo, eine kreuzförmige Anlage mit quadratischen Mittelschiffs- und Querhaus-

Florenz, Santa Croce, beg. 1294, Innenansicht nach Osten

jochen, die Tambourkuppeln tragen. Der Chorgrundriss ist eine exakte Wiederholung von Bologna. Die räumliche Nähe weist auf den Einfluss Venedigs, doch lassen der Stützenwechsel und das gebundene System in den Seitenschiffen auch auf ältere Vorbilder nördlich der Alpen schließen. Eine gewisse Ähnlichkeit besteht mit Saint-Hilaire in Poitiers.

Dass in Italien innerhalb der Bettelordensarchitektur auch der Typ der Halle auftritt, beweist die Franziskanerkirche in Todi. Das gestelzte Rippengewölbe ruht auf zwei Reihen von nicht durchgängig gleichen Pfeilern mit schlanken Diensten. So entstand ein weiter, lichtdurchfluteter Raum, dem an den Langseiten niedrige Kapellen angefügt sind. Auch hier ist auf westfranzösische Einflüsse verwiesen worden, auf Saint-Serge in Angers oder die Kathedrale von Poitiers.

Ab 1224 errichteten die Zisterzienser eine Abteikirche in San Galgano, einer Tochtergründung von Fossanova, mit deren 1217 geweihter Klosterkirche sie stilistisch verwandt ist. Mit ihrem Grundriss, den kreuzförmigen Pfeilern, den gestuften Arkaden und den Mittelschiffvorlagen erinnert sie an Fontenay, aber sie ist bedeutend höher, besitzt einen Obergaden über kleinen Öffnungen auf den Dachstuhl der Seitenschiffe und war einst rippengewölbt.

Am Ende der gotischen Architektur steht der Dom in Mailand. 1387 begonnen, verbindet er einen polygonalen Umgangschor ohne Kapellen mit einem dreischiffigen Querhaus und einem fünfschiffigen Langhaus. Er ist das Ergebnis sorgfältiger Planungen und Berechnungen, die von einer Kommission internationaler Baumeister durchgeführt wurden. Der Außenbau ist weitgehend neugotisch.

Padua, Santo (Sant' Antonio), beg. um 1290, Ansicht von Nordwest

Vercelli, Sant' Andrea, gew. 1234, Westfassade, Innenansicht

Hier begegnet man einer der wenigen gotischen Kirchen Italiens, die einen deutlichen Bezug zur französischen Gotik haben. Ihre Gliederungsprinzipien und Einzelformen sind in Sant' Andrea mit einem charakteristisch französischen Grundriss kombiniert.

FOLGENDE DOPPELSEITE
LINKS **Bologna, San Francesco,** 1236–56

Dieser frühe Bau des Franziskanerordens kombiniert Motive der Zisterzienser mit frühgotischen Wölbungsformen und steht damit ebenfalls in französischen Traditionen.

RECHTS **Florenz, Santa Maria Novella,** beg. 1246

Santa Maria Novella ist die Dominikanerkirche von Florenz. Auch sie verarbeitet zisterziensische Anregungen. Der Schichtwechsel an allen Bögen ist florentinische Tradition.

Florenz, Campanile, beg. 1334

Den Campanile in seiner klaren kubischen Form errichtete Giotto di Bondone mit der für Florenz im 14. Jahrhundert charakteristischen Dekoration aus verschiedenfarbigem Marmor. Bekrönt wird er von einem Wehrgang über Mâchicoulis.

LINKE SEITE **Florenz, Dom,** beg. 1294/96, vollendet 1420, Innenansicht

Der Dom von Florenz entstand in einer komplizierten Planungsgeschichte. Das stattliche Langhaus erinnert an die beiden Bettelordenskirchen der Stadt, die Kuppel ist das Werk von Filippo Brunelleschi.

LINKE SEITE **Bologna, San Petronio,**
beg. um 1390

Die Kirche San Petronio ist das unvoll-
endete, gigantische Projekt der Bologneser
Bürger. Vorbild dieses Backsteinbaus war
der Dom von Florenz. Die Seitenlängen eines
Jochs betragen 20 Meter. Die Fertigstellung
des Langhauses zog sich bis ins 16. Jahrhundert hin. Chor und Querhaus blieben
unausgeführt.

Mailand, Dom, beg. 1387

Auch dieses Projekt wurde in so gewaltigen
Dimensionen geplant, dass es nur unter
großen Schwierigkeiten im späten 16. Jahrhundert fertiggestellt werden konnte. Ein
großer Teil des Außenbaus musste bis zum
18. und 19. Jahrhundert auf seine Vollendung warten, die in neugotischen Formen
ausgeführt wurde.

Sakralarchitektur in England

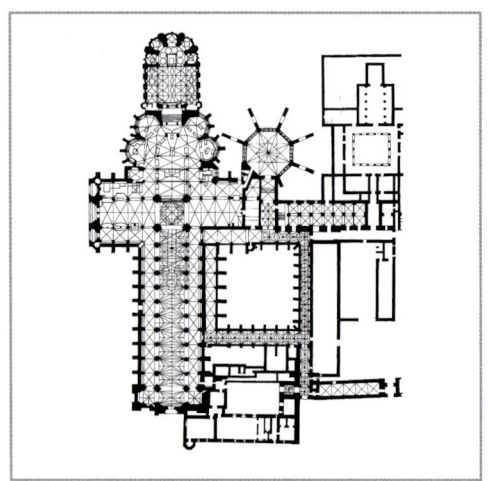

Westminster, Abteikirche, Westfassade, Grundriss, 1245–69

1174 brannte der erst 1130 geweihte Chor der Kathedrale von Canterbury nieder. Der Mönch Gervasius schilderte als Augenzeuge die Katastrophe und die Bemühungen um den Wiederaufbau sowie dessen Verlauf. 1175 berief man nach sorgfältigen Beratungen den Baumeister Wilhelm aus Sens, der ab etwa 1140 die dortige frühgotische Kathedrale erbaut hatte. Mit dem Neubau von Canterbury entstand ein vollständig frühgotischer Bau in England. Grund- und Aufriss geben sich als Wiederholung von Sens zu erkennen, allerdings mit gewissen Deformationen, die mit der Wiederverwendung jener Mauern zu tun haben, die zuvor einen fünfteiligen Staffelchor gebildet hatten. So kam es zu der Einziehung auf der Höhe des kleinen Querhauses. Wie Saint-Étienne in Sens ist der Langchor dreischiffig und endet in einem Umgang mit einer Scheitelkapelle. Das vierte Joch erweitert sich an beiden Seiten zu einem kleinen Querhaus mit je einer halbrunden Apsis (in Sens ist dieses kleine Querhaus durch den Einbau des jüngeren großen Querhauses verloren). Auch die Aufrisse sind nahezu identisch. Zwar besitzt Canterbury trotz des sechsteiligen Gewölbes keinen ausgeprägten Stützenwechsel, sondern alternierend runde und oktogonale Stützen, doch die Formen von Arkaden und Triforium gleichen einander. In Sens sind die Fenster später vergrößert worden. Auch sie mögen in normannischer Tradition einen Laufgang vor dem Obergaden gehabt haben. Spezifisch englisch ist indessen die Verwendung von Purbeck-Marmor in Kombination mit hellem Sandstein, der charakteristisch für viele englische Anlagen wurde. Ein großes Querhaus schloss diesen Chor nach Westen hin ab. Wie einst in Cluny III war hier nun eine Anlage mit zwei Querhäusern entstanden, die in der englischen Gotik Nachfolge fand, z. B. in Salisbury (1220–66) und in Lincoln (1220–40).

Trotz dieser frühen und genauen Rezeption eines französischen Vorbildes hat sich die Gotik auch in England nicht so linear entwickelt wie in Frankreich, und auch hier waren politische Gründe dafür verantwortlich. Bekanntlich hatte der Normanne Wilhelm 1066 den jungen König Harold in der Schlacht bei Hastings besiegt und sehr schnell eine normannische Besatzung aufgebaut, die nach wenigen Jahren alle Bischofssitze und Klöster sowie die politischen Funktionsstellen mit eigenen Leuten besetzt hatte. Durch die für Frankreich unglückselige Scheidung Ludwigs VII. von Eleonore von Aquitanien und deren erneute Heirat mit Heinrich Plantagenet fielen zudem ganz Westfrankreich sowie die Grafschaften Toulouse und Languedoc an die englische Krone. Den Königen Philippe Auguste und Ludwig IX., dem Heiligen, einem großen Förderer des Sakralbaus, gelang die Rückgewinnung großer Gebiete. Die Beziehungen Englands zu Frankreich rissen ab, der zuvor »inländische« Austausch fand nicht mehr statt.

1339 brach unter Edward III. der Hundertjährige Krieg aus, der auf beiden Seiten hohe Verluste forderte und viele Baustellen für lange Zeit zum Stillstand brachte.

Die englische Gotik wird in drei Epochen eingeteilt – Early English, Decorated und Perpendicular Style –, die nicht in jedem Fall mit den kontinentalen Begriffen der Früh-, Hoch- und Spätgotik übereinstimmen. Zwar begannen die beiden ersten Epochen mit der Rezeption eines französischen Vorbildes; dieses wurde jedoch bald einheimischen Traditionen angepasst, die selbstverständlich auch hier wirksam blieben. Unter dem Begriff Early English fasst man die Zeit von ca. 1170 bis 1240 zusammen, sie beginnt mit dem Chor der Kathedrale von Canterbury. Decorated Style bezeichnet die Zeit von ca. 1240 bis 1330; sie beginnt mit dem Neubau von Westminster Abbey, der sich vor allem auf die Kathedrale von Reims bezog. Vom Perpendicular Style spricht man von ca. 1330 bis 1530.

Es ist kein Zufall, dass gerade die Kathedrale von Sens in England gefiel. Ihr Konzept ist die Fortsetzung normannischer Bauideen, die während mehr als einem Jahrhundert in England mitentwickelt worden waren und die auch in Frankreich zu den Grundlagen der Gotik gehörten (Strukturierung der Wand, Laufgänge vor den Fenstern, Versuche mit der Rippenwölbung, Spitzbögen). Dort wurde aber der Chor von Saint-Denis, ebenfalls 1140 begonnen, zum Ausgangspunkt für die Kathedralgotik unter königlichem Patronat. Das Modell Sens wurde nicht wirksam.

Versuche mit Motiven der französischen Gotik hatte es schon vor Canterbury gegeben: Der ursprünglich nicht in Stein gewölbte Chor von Ripon (1160–75), ein kleinerer Nachfolger des verlorenen Chors von York, und das Langhaus von Worcester (ab 1175) übernahmen von Saint-Denis, Noyon und Laon Zahl und Anordnung der Dienste über den Stützen und die niedrigere Emporenzone, wegen der Breite der Arkaden jedoch von schmalen Blendbögen begleitet und von einem traditionellen Obergaden mit vergittertem Laufgang bekrönt. Auffallend ist auch die reiche Profilierung der im Vergleich zu französischen Vorbilden ungewöhnlich hohen und breiten Arkaden, die ebenfalls charakteristisch für die englische Gotik wurden.

Ab 1192 wurde die Kathedrale von Lincoln nach einem Erdbeben erneuert. Sie erhielt zwei Querhäuser und einen Rechteckchor – auch dies künftig ein häufiges Motiv im englischen Sakralbau. Chor und Langhaus übernahmen den Aufriss von Canterbury, bereicherten sich aber um Passformen in den Tympana der Empore (vgl. die Gotik der Normandie) und um zahlreiche Schmuckmotive. Besonders originell sind im Chor die synkopisch versetzten Blendarkaden und die sog. crazy vaults, die Gewölbe, deren Rippen spielerisch in Schrägen verlaufen und die Kappen ebenfalls leicht gegeneinander versetzen. Die breiten und hohen Arkaden des Langhauses ab 1220 ruhen auf Pfeilern, die in immer neuen Varianten von schlanken Diensten umstellt sind; die Kapitelle sind von höchster Qualität. Die Kappen des Gewölbes sind hier verkürzt und durch eine kleine Querrippe über den Mittelgrat miteinander verbunden. Weitere zusätzliche Rippen liegen zwischen den Diagonalrippen und den jochtrennenden Rippen, und so entsteht über jeder Stütze ein Fächer. Von unten betrachtet scheint das Gewölbe eine mit Rippen besetzte Spitztonne mit Stichkappen zu sein. Die Formen des Rippengewölbes erlangten in der englischen Gotik eine ungemeine Varietät. Kaum eines gleicht dem anderen. Häufig allerdings

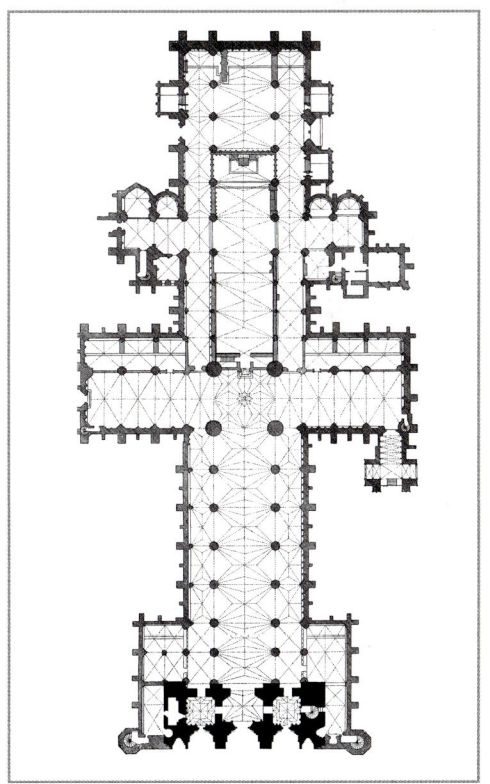

Lincoln, Kathedrale, Mittelschiffgewölbe mit den *crazy vaults*, Grundriss, 1192–ca. 1210

Winchester, Kathedrale, Westfassade,
um 1360–66, Langhaus, beg. um 1360,
Innenansicht nach Osten

sind sie nicht in Stein, sondern in Holz ausgeführt worden. Auch dies ist eine Tradition des 11. Jahrhunderts.

Zur gleichen Zeit, 1220, begann der Bau der Kathedrale von Salisbury, die in Grund- und Aufriss mit Lincoln eng verwandt ist, vielleicht aber in bewusster Ablehnung auf die unruhigen Schmuckelemente verzichtet. Die Kathedrale von Worcester (ab 1224) verarbeitet beide als Vorbilder.

1239 wurde die Kathedrale von Wells geweiht, eine Pfeilerbasilika mit Blendtriforium und einfachen Lanzetten im Obergaden. Ein Laufgang durchschneidet die Gewölbekappen. Arkadenzone und Obergaden sind etwa gleich hoch, die Gewölbedienste setzen erst in den Zwickeln des Triforiums an, während die zahlreichen Dienste der Pfeiler nur die Profile der Arkadenbögen vorbereiten. Proportion und Aufrisstyp verweisen auf Chartres, aber anscheinend verzichtete man zugunsten der nach unten geführten Arkadenprofilierung auf die kantonierten Rundpfeiler. Auffallend ist die Verwendung der schmückenden Köpfchen in der Arkaden- und Triforiumszone und weltberühmt der Scherenbogen an der Westgrenze der Vierung, der 1338 zur Stützung des Vierungsturmes eingezogen worden ist.

Eine ganz eigenständige Lösung fand die englische Gotik für die Fassaden. Als rechteckige, von Türmen oder Giebeln bekrönte Schauwände schließen sie die Langhäuser im Westen ab. Die Zugänge, die an vielen Kirchen des Kontinents das eigentliche, reich dekorierte Zentrum der Fassade bilden, sind hier klein wie Schlupflöcher. Das gesamte Instrumentarium der Dekoration besteht aus Blendarkaden bzw. übergiebelten Nischen in Reihen übereinander. Reichen Figurenschmuck besitzen die Fassaden von Wells und Exeter, wohingegen in Peterborough nur wenige Figuren in luftiger Höhe dem Blick des Betrachters fast völlig entzogen sind.

Der Neubau von Westminster Abbey ist wie Saint-Denis ein programmatischer Bau und hängt unmittelbar mit den Absichten Heinrichs III. zusammen. Westminster war der Begräbnisort seines Vorgängers Edward des Bekenners, der 1161 kanonisiert worden war. Einen Heiligen konnte das französische Königshaus zu dieser Zeit noch nicht vorweisen, obwohl der französische König eine enge Allianz mit der Kirche pflegte. Heinrich selbst stellte die Mittel zur Verfügung, denn es ging um die Aufwertung des englischen Königtums. Diese Absicht ließ keinen Zweifel an der Wahl des Vorbildes zu: die Kathedrale von Reims, die Krönungskirche der französischen Könige seit fränkischer Zeit, der Aufbewahrungsort der Oriflamme. Meister Heinrich von Reyns errichtete also ab 1245 einen Umgangschor mit fünf überhalbkreisförmigen Kapellen, einem dreischiffigen Querhaus und einem Langhaus von 10 Jochen. Die Ähnlichkeit mit Reims ist unübersehbar, und wenn das Fächergewölbe das Vorbild übertrifft, so ist das im Sinne des Bauherrn gewesen. Englisch sind dennoch die stark zugespitzten Arkadenbögen, die Emporen anstelle des Triforiums und die Verwendung von Purbeck-Marmor.

In der Nachfolge von Westminster veränderte sich nicht das Aufrisssystem, eher die Dekoration, die sich durch die Einführung des Maßwerks aus Reims (man mag sich erinnern, dass dort in den Chorkapellen das erste echte Maßwerk auftrat) vervielfältigte und als Blendmaßwerk auch die Wände überzog. Im Retrochor von Lincoln (1256–80) werden die Bögen von Arkaden und Empore sowie die Kehlen zwischen den Säulchen mit Blattwerk und Ornamenten gefüllt. Figuren und Köpfe schmücken die Bogenzwickel und -ansätze.

Das Langhaus der Kathedrale von York, 1291 begonnen, führt das Triforium endgültig in die englische Gotik ein. Die Lanzetten des Triforiums sind von Wimpergen bekrönt und durch senkrechte Stäbe in das Maßwerk der Hochfenster einbezogen. So entstand erstmals in England ein wirklich filigraner Bau mit einer dünnen Glashaut über den Arkaden und einem den ganzen Bau zusammenfassenden Gliederungssystem. Das Aufrisssystem von Exeter ist ähnlich wie dasjenige von York, aber der Umgang mit den Gliedern ist ein ganz anderer. Die Stärke der Wand ist zurückgekehrt; in der reich profilierten Unterseite der Arkaden, am Triforium und dem darüber liegenden Laufgang ist sie deutlich zu erkennen. Den Profilen der Arkade entsprechen die vielteiligen Bündelpfeiler und die Fächergewölbe, deren Rippenzahl sich nun auf elf gesteigert hat. Die Wirkung ist grandios und kurios zugleich.

Eine Notlösung stand am Beginn des Perpendicular Style. Der Chor der Kathedrale von Gloucester sollte um 1330 eine neue Form erhalten, ohne dass die romanischen Mauern abgetragen wurden. Der königliche Baumeister Thomas von Canterbury verkleidete die alten Mittelschiffwände durch ein Vorhangsystem aus Stützen und eingefügten Maßwerkzonen, über die er einen neuen Maßwerkobergaden und ein vielteiliges Netzgewölbe setzte. Dominierend sind die stets parallelen Vertikalen und Horizontalen des Gliederungssystems, ein gleichmäßiges Gitterraster, das nun die schwingenden Linien und Formen ablöste. Am deutlichsten erkennt man dieses Raster im Ostfenster, das die gesamte Wand einnimmt. Im Langhaus der Kathedrale von Canterbury reduziert sich das Raster wieder auf den gewöhnlichen dreiteiligen Aufriss mit besonders hohen Arkaden. Charakteristisch ist jedoch, dass die Vorlagen auch hier von unten ungebrochen bis zum Ansatz des Gewölbes aufsteigen und dass die Gesimse des Triforiums als Waagrechte dazwischen eingespannt sind. Darin vereinigt sich das Perpendicular mit der Spätgotik in Frankreich, mit der Kathedrale von Orléans, von Saint-Ouen in Rouen oder der Kathedrale von Évreux. Im Langhaus der Kathedrale von Winchester, um 1360 begonnen, ist die einzige Horizontale eine niedrige Balustrade über Kopfkonsolen, hinter welcher der Obergaden über Blendmaßwerkzonen zurücktritt. Die Rippen des Fächergewölbes überschneiden und verschatten die vertikalen Profile. Sie sind so tief, dass man, im Schiff stehend und nach Osten blickend, die Fenster kaum noch wahrnimmt. Eines der spätesten Beispiele ist die King's College Chapel in Cambridge, die ausschließlich aus vertikalen Stäben und kreisenden Gewölben zu bestehen scheint.

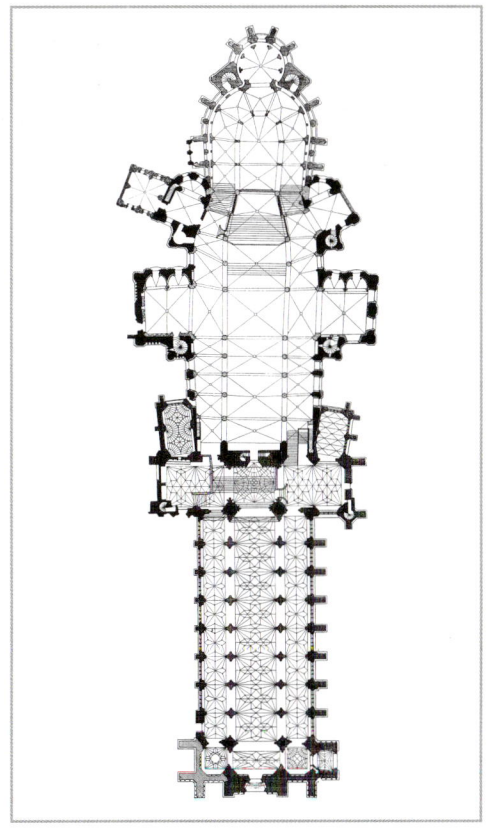

Canterbury, Kathedrale, Langhaus, Grundriss, ca. 1375–1405

Canterbury, Kathedrale, Außenansicht
von Südost, Glasfenster in der Dreifaltigkeitskapelle

Der Chor der Kathedrale von Canterbury,
das Werk des französischen Baumeisters
Wilhelm von Sens, markiert in der englischen Gotik den Beginn des Early English.
Grund- und Aufriss rezipieren aufs Engste
die Formen der Kathedrale von Sens – und
lassen möglicherweise Rückschlüsse auf
deren verlorenen Obergaden zu.

Acht identisch komponierte Bilder mit
jeweils drei Figuren erzählen in diesem
Fenster die Geschichte des 1173 kanoni-
sierten Erzbischofs von Canterbury Thomas
Becket, der 1170 von Rittern Heinrichs II.
in der Kathedrale erschlagen wurde.

FOLGENDE DOPPELSEITE **York, Kathedrale,**
Langhaus nach Westen, 1291–1340 (linke
Seite), Ostfenster (rechte Seite)

Ein einzigartiges Beispiel der Umsetzung
französischer Hochgotik in England ist das
Langhaus der Kathedrale von York mit ihren
skeletthaften dünnen Hochschiffwänden,
an denen Triforium und Obergaden zu einer
einzigen Zone zusammengezogen sind.

Lincoln, Kathedrale, Langhaus nach Osten,
ca. 1220–40, Retrochor, sog. Angel Choir,
1256–80

Chor und Langhaus sind ein besonders
artifizielles Werk der englischen Frühgotik,
das eine Fülle raffinierter und verspielter
Einzelformen aufweist. Der Retrochor ist
eines der Hauptwerke des Decorated Style.
Blendmaßwerk, figürliche und ornamentale
Reliefs und Passformen füllen freie Räume
in den Bogenzwickeln sowie an Bögen und
Diensten.

Salisbury, Katherale, Dreifaltigkeitskapelle, 1220–25

Die Dreifaltigkeitskapelle ist eine Halle auf extrem schlanken Marmorstützen, die in der Beschränkung auf wenige Stilmittel zu einem sehr qualitätvollen und eleganten Raum gelang.

RECHTE SEITE **Wells, Kathedrale,** Langhaus, ca. 1180–1240, Innenansicht nach Osten

Das Langhaus von Wells folgt dem Vorbild Chartres, indem es für die Emporen die Form des durchlaufenden Triforiums wählt. Ungewöhnlich sind der Verzicht auf Basen und Kapitelle am Triforium und der Ansatz der Gewölbe in den Triforiumszwickeln.

GANZ OBEN **Peterborough, Kathedrale,** Westfassade, ca. 1180–1238

OBEN **Wells, Kathedrale,** Westfassade, ca. 1230–40

RECHTS **Salisbury, Kathedrale,** Außenansicht von Nordost

Eine besondere Bauaufgabe des Early English war die sog. Schirmfassade, in deren Gestaltung die insulare Gotik eigene Wege ging. Diese »screen facades« nehmen nur indirekt Bezug auf das dahinter liegende Langhaus. Auffallend ist auch, dass das Westportal als repräsentativer Zugang und Aufstellungsort für Figuren keine Rolle spielt. Die Hauptzugänge lagen seit angelsächsischer Zeit meist im Norden unter reich geschmückten Vorhallen.

Exeter, Kathedrale, Westfassade, 1329–42, Innenansicht des Langhauses nach Osten (um 1310)

Exeter repräsentiert einen anderen Fassadentyp, die Querschnittfassade.
Die vorgeblendete Figuren-Schauwand der unteren Zone ist allerdings eine jüngere Zutat. In ihr zeigt sich das Weiterleben der Schirmfassaden.

Ein Zentrum des Decorated Style entstand im letzten Viertel des 13. Jahrhunderts auch im Südwesten Englands. Das älteste Beispiel dieser Gruppe ist die Kathedrale von Exeter. Die tief ansetzenden Fächergewölbe lassen den Raum gedrungen erscheinen, ebenso wie die dicken Dienstbündel, welche die Profilierungen der Arkaden vorbereiten.

Gloucester, Kathedrale, Chor, 1337–60

Als Reaktion auf den dekorativen Überfluss
des Decorated Style einerseits und als Aus-
weg aus einer Notsituation andererseits entstand im Chor der Kathedrale von Gloucester
eine Lösung, die mit ihren strengen Horizontalen und Vertikalen zum Ausgangspunkt des
Perpendicular Style wurde.

LINKE SEITE Cambridge, King's College
Chapel, 1466–1515

Welche außergewöhnliche Formen die Spätgotik schließlich in England hervorbrachte,
zeigt das Beispiel Cambridge. Auch hier sind
die waagrechten und senkrechten Linien des
Maßwerks dominierend.

Sakralarchitektur
in Spanien und Portugal

Ávila, Kathedrale San Salvador,
Chorumgang, letztes Drittel 12. Jh.

RECHTE SEITE **Burgos, Kathedrale,**
beg. 1221, Westfassade

Auf der Iberischen Halbinsel verlief die Übernahme gotischer Bauideen wegen der politischen und kulturellen Beziehungen zu Frankreich vielfältiger. Anscheinend waren es auch hier die Zisterzienser mit ihrer internationalen Organisation, die den neuen Stil transportierten. Die Klosterkirche in Moreruela, die nach 1168 erbaut wurde, gleicht ebenso dem Chor von Pontigny (das Langhaus ist noch mit einer Tonne gewölbt gewesen) wie der besonders schlanke und steile Chor der nach 1178 begonnenen Zisterzienserkirche von Alcobaça in Portugal. Erklärungsbedürftig ist aber deren Langhaus, eine hohe dreischiffige Halle.

Die romanischen Langhäuser von San Vincente in Ávila und der Alten Kathedralen von Salamanca und Lérida wurden anscheinend im frühen 13. Jahrhundert durch ein moderneres Rippengewölbe vollendet.

Französisches Formengut fand Aufnahme am Chorumgang der Kathedrale von Ávila aus den siebziger Jahren des 12. Jahrhunderts, der unzweideutig auf Saint-Denis verweist, in der Kirche des Zisterzienserinnenklosters Las Huelgas, das königliche Residenz war, und in der Kathedrale von Cuenca, die beide Motive der Kathedrale von Laon übernehmen.

Die ersten spanischen Anlagen, die tatsächlich das Modell moderner französischer Bischofskirchen rezipieren, sind die Kathedralen von Burgos und Toledo, beide kurz nach 1220 begonnen. Beide sind reduzierte Varianten der Kathedrale von Bourges. 1255 begonnen, adaptiert schließlich die Kathedrale von León reinste französische Hochgotik, und zwar gerade jener Kathedralen, welche durch den König gefördert wurden. Der Chorgrundriss folgt dem Vorbild von Reims, die West- und Querhausfassaden der Klosterkirche Saint-Denis mit der königlichen Grablege. Auch die feine Gliederung des Innenraums lässt an Saint-Denis oder an die Sainte-Chapelle denken. Dieselben Vorbilder lagen den Planungen eines Choranbaus in Santiago zugrunde, der unausgeführt blieb, und der etwa 1260-80 ausgeführten Erweiterung der Kathedrale von Burgos. Alle diese Bauten stehen mit König Alfons X. in Verbindung, der nach französischem Vorbild einen zentralistischen, auf den König ausgerichteten Staat schaffen wollte. Das Scheitern dieser Ambitionen stoppte die weitere Rezeption der Gotik in Kastilien für längere Zeit.

Barcelona ist die Hauptstadt des katalanisch-aragonesischen Reiches, das durch Seehandel ab dem fortgeschrittenen 13. Jahrhundert zu wirtschaftlicher und politischer Macht gekommen war. Hier ist ein umfangreiches Ensemble repräsentativer Profan- und Sakralbauten des Spätmittelalters erhalten. 1298 wurde der Grundstein für die Kathedrale gelegt. Das dreischiffige Langhaus ist eine große Halle mit quadratischen Mittelschiffjochen zwischen mächtigen Bündelpfeilern. Ein fünfteiliges Querhaus ver-

Toledo, Kathedrale, beg. um 1222/23,
Chorumgang

mittelt zum Umgangschor mit Kapellen und ungemein steilem Chorhaupt. Über den Kapellen an den Seitenschiffen öffnen sich Tribünen. Die Kirche Santa Maria del Mar entstand zwischen 1329 und 1384. Sie vereinheitlichte und vervollkommnete Grund- und Aufriss der Kathedrale und steigerte die Wirkung durch ausgewogene Proportionierung und subtile Lichtführung noch beträchtlich. Die Kathedrale Santa Maria in Girona, 1312 mit den Ostteilen begonnen, griff diesen Typ noch einmal auf. Das erst ein Jahrhundert später in Angriff genommene Langhaus aber verzichtete auf die Unterteilung und geriet zu einem gigantischen Saal mit Seitenkapellen, einem niedrigen Triforium und hohen Lanzettfenstern. Über diesem Saal gelang schließlich ein Rippengewölbe, das breiteste Gewölbe der Gotik überhaupt.

Sevilla, Kathedrale Santa María. Das 1198 fertiggestellte Minarett, die Giralda, wurde umgestaltet und in den christlichen Kontext integriert.

Auch das zwischen 1276 und 1349 unabhängige Königreich Mallorca erhielt ab etwa 1300 eine Kathedrale in Palma, eine dreischiffige Basilika, deren hohe Seitenschiffe und oktogonale Pfeilerformen ebenso wie die Seitenkapellen nach Barcelona weisen.

Sevilla war 1248 dem Islam entrissen worden; 1401 beschloss man den Bau einer Kathedrale, die demonstrativen Charakter haben sollte. Demonstrativ war schon die Wahl des Baugrundes über der ehemaligen Moschee, deren Raumdisposition sie aufgreift. Sie wurde das größte Bauunternehmen des 15. Jahrhunderts, ein riesiger Rechteckbau mit fünf Schiffen und Seitenkapellen, kreuzförmig geteilt durch ein nicht ausladendes Querhaus. Den steilen Arkaden folgen unmittelbar die Lanzetten des Obergadens. Die Seitenschiffe sind nur wenig niedriger als das Mittelschiff, aber mehr als doppelt so breit, was den Strebebögen des Außenbaus eine fast horizontale Silhouette verleiht.

Zu Beginn des 15. Jahrhunderts hatte sich das Königreich Kastilien wirtschaftlich erholt. Die Handelsverbindungen zu Burgund brachten die burgundisch-niederländische, stark höfisch geprägte Spätgotik nach Spanien, die sich dort mit den mudejarischen (maurischen) Traditionen vermischte. Das Ergebnis war der sog. hispano-flämische Stil, dem durch die Berufung deutscher Baumeister auch Motive der deutschen Spätgotik beigemischt sind. Beispiele sind die Grabkapelle des Don Alvaro de Luna (ab etwa 1430) und die Puerta de los Leones am Chor der Kathedrale von Toledo und die Capilla del Condestable (1482) am Chor der Kathedrale zu Burgos. Im späten 15. und frühen 16. Jahrhundert wurde dieser dekorative Stil unter den Katholischen Königen Isabella und Ferdinand zur offiziellen Hofkunst. Die Cartuja de Mireflores bei Burgos (ab 1454) und das Kloster San Juan de los Reyes (beg. 1476) sind die prominentesten Vertreter.

Girona, Kathedrale Santa Maria, 1312–1604, Blick in das 1417 begonnene Langhaus und den Chor von Mitte des 14. Jh.

113

León, Kathedrale, Innenansicht des Langhauses, beg. 1255, Außenansicht von Südwest

Der Grundriss folgt in verkleinertem Maßstab der Kathedrale von Amiens, ebenso der Aufriss mit dem belichteten Triforium und dem Maßwerk des Obergadens, der über das Triforium hinweggreift. Die Westfassade bildet eine eigenständige Lösung, indem eine tiefe Dreiportalanlage zwischen die seitlichen Türme eingespannt wurde, über der ein isolierter Mittelblock aufsteigt.

Palma de Mallorca, Kathedrale, beg. um 1300

Auch der Bau der Kathedrale von Palma
wird Berenguer de Montagut zugeschrieben.
Sie entstand an der Stelle der arabischen
Mezquita, deren Grundmauern bis 1412
erhalten wurden. Der Außenbau, der vom
Meer her weithin sichtbar ist, wird bestimmt
von massiven, eng stehenden Strebepfeilern,
die dem Bau beinahe ein festungsartiges
Aussehen verleihen.

Sevilla, Kathedrale, beg. 1402

An diesem größten und ungewöhnlichsten Bauwerk des 15. Jahrhunderts arbeiteten nacheinander vorwiegend fremde Baumeister: Pedro Garcìa (1421–34), 1434 der Flame Ysambert, 1439–49 der Franzose Carlìn, Juan Norman (1454–72) und schließlich Juan de Hoces. 1496 erscheint in den Quellen ein Maestre Ximon, vielleicht Simon aus Köln.

Salamanca, Kathedrale, beg. 1513, Vierung, Ansicht von Stadt und Kathedrale

In Spanien folgte der Sakralbau auch im 16. Jahrhundert noch gotischen Gesetzen. Die Kathedrale von Salamanca ist ein heller, reich mit Fächer- und Netzgewölben dekorierter und dennoch klar gegliederter Bau, der sich, vermittelt über die verwandtschaftlichen Beziehungen Spaniens zu den deutschen Kaisern, auch an der deutschen Spätgotik orientiert haben könnte.

Batalha (Portugal), Mosteiro de Santa Maria da Vitória, beg. 1388, Wölbung 15. Jh., Innenansicht der Kirche, Außenansicht

Joao I. hatte 1385 nach dem Sieg über die Kastilier den Bau eines Klosters gelobt. Der Dominikanerkonvent war zur gleichen Zeit königliche Grablege und als solche ein Aushängeschild des Königshauses. Bis ins 16. Jahrhundert wurde an dem umfangreichen Komplex gebaut.

Die Kirche transponiert einen aus der Bettelordensarchitektur geläufigen Typus sowohl in größere Dimensionen als auch in neue Ausdrucksformen.

Am Außenbau dagegen bestimmen die komplizierten Maßwerkformen sowie die alle Dächer begleitenden feingliedrigen Brüstungen und die wie Lanzenspitzen aufragenden Fialen den Eindruck. Die Westfassade besitzt ein prächtiges Portal.

Sakralarchitektur in Skandinavien

Uppsala, Dom, 13. Jh., Außenansicht
von Süden

Der Dom von Uppsala ist der Sitz des
Erzbischofs von Schweden und eines der
Hauptwerke der Gotik in Schweden. Auch
hier scheint die Gotik des Ostseeraumes
vorbildhaft gewirkt zu haben.

RECHTE SEITE **Odense, Knudsdom,**
14. und 15. Jh., Langhaus nach Osten

Das Beispiel des Knutsdoms ebenso wie
das des Doms von Roskilde u. a. zeigen,
dass auch noch im späten Mittelalter sowohl die englische Kathedralarchitektur
wie die Backsteingotik des Ostseeraumes
für die dänische Sakralarchitektur richtungs-
weisend blieb.

Sakralarchitektur in Belgien und den Niederlanden

Delft, Nieuwe Kerk, 1453–76

Nicht alle aufwändigen Bauten der niederländischen Gotik folgten dem Kathedralschema. Die Nieuwe Kerk etwa ist eine Backsteinkirche mit Holzdecke und sehr reduzierten Formen. Zwischen den Arkaden und dem Obergaden mit betont bescheidenem Maßwerk öffnen sich Lanzettengruppen wie ein Fenster auf den Dachstuhl des Seitenschiffs.

RECHTE SEITE **Mecheln, St. Rombout,** beg. 1342

Grund- und Aufriss der ehem. Stiftskirche, heute Kathedrale, folgen den klassischen Vorbildern in Frankreich. Originell ist aber das feine Netz aus Maßwerkformen, das sich über Triforienzone und Obergaden spannt und im Chor sogar die Arkadenzwickel einbezieht.

Antwerpen, Liebfrauenkirche, beg. 1352,
Innen- und Außenansicht

Es handelt sich um eine fünfschiffige
Basilika mit Querhaus, Vorchor und Umgang
mit Kapellen. Charakteristisch ist die
Zusammenziehung des gesamten Mittel-
schiffaufrisses durch das Blendmaßwerk, ein
Motiv, das in St. Rombout vorgegeben war.

Profanarchitektur der Gotik

Sirmione, Scaliger-Festung, spätes 13. Jh.

Die Adelsfamilie della Scala, die von 1260 bis 1387 die Stadtherren von Verona waren, ließen die Wasserburg am Südufer des Gardasees erbauen. Cangrande I. wurde von Kaiser Heinrich VII. zum Reichsvikar bestellt und war der Führer der ghibellinischen (welfischen) Partei in der Lombardei. Dies zeigt die Form der Zinnen an. An den Burgen der Stauferanhänger, der Guelfen, bildeten die Zinnen übrigens eine erhabene Spitze.

Burgen und Wehrbauten

Gehorchte der Burgenbau der Romanik in erster Linie strategischen Anforderungen, so traten im 13. Jahrhundert ästhetische und repräsentative Motive in den Vordergrund. Bereits bei den staufischen Kastellen Süditaliens, etwa in Castel del Monte, ist der Drang nach künstlerischer Überhöhung und differenzierterer Raumorganisation erkennbar. Die Entwicklung des Zeremoniells und das Bedürfnis nach höfischer Geselligkeit erforderten eine Abstufung und Neuordnung der gesamten Festungsanlagen.

In malerischer Lage am Südufer des Gardasees erhebt sich die Burg der Adelsfamilie della Scala, deren Mitglieder über mehr als 100 Jahre das Amt des Stadtherrn von Verona bekleideten. Ihre kaiserliche Gesinnung – Italien war in die meist kaisertreuen Ghibellinen und die meist papsttreuen Guelfen gespalten – bekannten sie in der Form der Zinnen, die einem Schwalbenschwanz gleichen.

Das Castell de Bellver ist eine außergewöhnliche Anlage: Die Bucht von Palma de Mallorca beherrschend, diente sie als Festung und Residenz gleichermaßen. Mit diesen Funktionen ist freilich nicht erklärt, warum man die Wohnräume ringförmig um einen runden Innenhof anordnete, der sich mit eleganten Arkaden in zwei Etagen öffnet. Der Außenbau blieb dagegen wehrhaft, drei flankierende Türme und ein freistehender Donjon (Torre del Homenatge) sorgten für die nötige Sicherheit. Die Herkunft dieses originellen Grundrisses ist unklar; denkbar wäre ein Bezug zu dem allerdings 50 Jahre älteren Castel del Monte. – Möglicherweise nahm Kaiser Karl V. den Bau im 16. Jahrhundert als Vorbild, als er seinen neuen Palast in der Alhambra errichten ließ.

Als die römischen Päpste zwischen 1309 und 1376 in Avignon residierten, ließen sie sich einen gewaltigen Palast erbauen, der höchsten repräsentativen Ansprüchen zu genügen hatte. Mit seiner Errichtung wurden die französischen Baumeister Pierre Poisson und Jean de Louvres betraut. Zwischen 1334 und 1342 entstand so der asketisch wirkende, festungsartige Alte Palast, 1342–52 der Neue Palast, der schon den verfeinerten dekorativen Geschmack der Spätgotik erkennen lässt.

Sein Inneres ist mit äußerstem Prunk ausgestattet; Kapellen und Andachtsräume, Küchen, Schlaf- und Speisesäle befriedigten geistliche wie weltliche Bedürfnisse. Die üppigen Freskendekorationen wurden vornehmlich von italienischen Künstlern ausgeführt, unter ihnen Simone Martini.

Palma de Mallorca, Castell de Bellver,
1309–14 (Pedro Salvá)

131

Castel del Monte, beg. um 1233

Avignon, Palais des Papes, 14. Jh.

Wie eine Festung thronen die ausgedehnten Anlagen des Papstpalastes
über der Altstadt von Avignon. Als Johannes XXII., der Bischof von Avignon,
1316 zum Papst gewählt wurde, erweiterte er zunächst den alten Bischofspa-
last. Die heutige Anlage entstand in mehreren Bauphasen unter den Päpsten
Benedikt XII. (1334–42) und Clemens V. (1342–52). Die Baumeister waren
Pierre Poisson aus Mirepoix für den nördlichen und Jean de Louvres für den
südlichen Teil.

Für die Ausmalung war ab 1336 Matteo Giovanetti aus Viterbo verantwortlich.
Erhalten sind die Ausmalungen der Johannes- bzw. Martialiskapelle sowie der
päpstlichen Wohnräume.

LINKE SEITE
Fère-en-Tardenois, Burg,
um 1200

Druyes-les-Belles-Fontaines, Burg,
beg. um 1200

Lastours, Burgen, Ende 11. Jh., nach 1230

Die vier benachbarten Burgen (Cabaret, Quertinheux, Tour Régine, Fleur-Espine) des ursprünglich Châteaux de Cabaret genannten Lastours kamen nach den Albigenserkriegen um 1230 an die französische Krone, die sie erneuerte.

RECHTE SEITE **Peyrepertuse, Burg,** ab 1239

Peyrepertuse ist eine der »fünf Söhne von Carcassonne«, die ebenfalls an Ludwig IX. fielen, der sie gegen das Königreich Aragon ausbaute. Wie in Lastours sind die Anlagen (untere Burg mit Kapelle, Treppe und Oberburg mit eigener Verteidigung) noch gut erkennbar.

Tarascon, Burg, um 1400 1447/49

Eine Siedlung Tarusco erwähnte bereits
Strabo; seit etwa 1040 bestand ein »cas-
trum Tarascona«. Louis II. d'Anjou aus dem
Hause Valois errichtete um 1400 die stehen-
de Burg gegen die gegenüberliegende königliche Burg von Beaucaire. Jean Robert,
Simon de Beaujeu und Jacques Morel gelten
als Baumeister.

OBEN **La-Ferté-Milon, Burg,** 1398–1407

RECHTS **Mellecey, Châreau de Germolles,**
beg. 1380, ehem. Schlosskapelle

Fenis, Kastell, um 1340

Auch an dieser regelmäßigen und annähernd symmetrischen Burg sind die typisch welfischen Zinnen, die »Ghibellinen«, zu beobachten. Mit einer Ausnahme sind alle Türme von Wehrgängen über Mâchicoulis bekrönt, die um die Mitte des 14. Jahrhunderts in ganz Europa in Mode kamen.

Castillo de Coca, ab 1453–ca. 1490

Eine der schönsten Burgen Spaniens ist die Burg von Coca, dem römischen Cauca. Das vollkommen regelmäßige Kastell nutzt die strategisch günstige Situation über dem Zusammenfluss von Rio Eresma und Voltoya im Burgenviereck mit Arevalo, Cuellar und Olmeda. Alonso de Fonseca, der Bischof von Segovia, ließ sie in künstlerischer Konkurrenz zu den Burgen der kastilischen Könige errichten. Bautyp und Dekoration erweisen unzweideutig den Zusammenfluss von arabischen Traditionen (Sternform der Eckauguetten, Form und Dekoration der Zinnen) mit abendländischer Burgenbaukunst (Kastelltyp, Donjon, Wassergraben, Ecktürme, Mâchicoulis), die möglicherweise schon im frühen 12. Jahrhundert arabische Einflüsse erhielt.

Eltz, Ganerbenburg, ab dem 13. Jh.,
Außenansicht und Innenraum mit spätmittel-
alterlicher Dekoration

Burg Eltz gehört zum Typ der sog. »Ring-
hausburgen«, bei denen die Gebäude an die
Mauer heranrücken oder diese – stellenweise
– ersetzen. Mit dem Ausdruck Ganerbenburg
ist der Umstand bezeichnet, dass die Burg
Besitz einer Erbengemeinschaft war und der
knappe Lebensraum von mehreren Familien,
den Ganerben, bewohnt wurde.

Meißen, Albrechtsburg, beg. ca. 1470,
West- oder Hofseite, Kurfürstenzimmer

Arnold von Westfalen erbaute ab 1470 für
die Brüder Ernst und Albrecht von Wettin
eine Residenz. Das Ergebnis war keine Burg,
sondern ein befestigtes Schloss. Die Haupt-
gebäude bilden einen Winkelbau, in dessen
Ecke sich eine Wendeltreppe erhebt.

149

Ratspaläste

Wie im Sakralbau, so wetteiferten die italienischen Städte auch in der Errichtung ihrer Kommunalpaläste. Die beiden verfeindeten Nachbarn Siena und Florenz begannen fast gleichzeitig mit der Errichtung mächtiger Gebäude. Sie waren in repräsentative Platzanlagen eingebunden, für deren Bebauung die Kommunen strenge Richtlinien erließen.

Der Palazzo Pubblico in Siena entstand ab 1297 als dreiflügliger Gebäudekomplex. Wie eine grandiose Theaterkulisse dominiert er mit seinem erhöhten Mittelteil und dem schlanken Campanile das Halbrund des Campo, des zentralen Platzes der Stadt. Arkaden im Erdgeschoss und elegante Triforenfenster verleihen ihm einen offenen, einladenden Charakter.

Der Palazzo Vecchio in Florenz, der nur zwei Jahre später begonnen wurde, gibt sich dagegen wehrhaft und geschlossen. Der festungsartige Block ist von einem auskragenden Wehrgang und einem Zinnenkranz bekrönt. Auch der Campanile, der asymmetrisch aus dem Obergeschoss aufragt – er ruht auf dem Stumpf eines älteren Wehrturms –, wirkt standhaft und edel.

Beide Paläste sind in ihrem Inneren prachtvoll ausgestattet; die großen Säle wurden mit historischen oder allegorischen Fresken geschmückt, die die Ratsherren belehren und zur Tugend ermahnen sollten. Die bedeutendsten Künstler ihrer Zeit wirkten an der Gestaltung der Räume mit.

Auch dem Palazzo Ducale in Venedig liegt der Typus des Kommunalpalastes zugrunde. Seine Front mit der malerischen Doppelloggia und dem farbigen Ziegelmuster des Hauptgeschosses steht in der Tradition venezianischer Palastbauten, deren Fassaden sich mit Maßwerkarkaturen und filigranen Lanzettfenstern zum Wasser hin öffnen. Der rein dekorative Zinnenkranz spielt dagegen mit islamischen Motiven.

Siena, Palazzo Pubblico, beg. 1297

Der Palazzo Pubblico in Siena ist im Unterschied zum Florentiner Kommunalpalast ein repräsentativer Bau in der Tradition der öffentlichen Bauten des 13. Jahrhunderts. Arkaden bilden das Erdgeschoss, darüber liegt eine symmetrische Fassade mit erhöhter Mitte. Die Zinnen wirken eher dekorativ als defensiv. Über dem durch eine Vorhalle ausgezeichneten Zugang erhebt sich ein schlanker Campanile. Zu den städtebaulich genialsten Lösungen Europas zählt der Campo, der in Grundform und Wirkung auf das antike Amphitheater zurückgreift.

RECHTE SEITE **Florenz, Palazzo Vecchio,** 1299–1320/30

Der Palazzo Vecchio in Florenz entstand in unmittelbarer Konkurrenz zum Palazzo Pubblico in Siena. Der Palazzo Vecchio mit seinem fast geschlossenen Sockel und dem auskragenden Wehrgang wirkt beinahe wie ein Festungsbau mit kaum hervorgehobenen Zugängen. Wie ein erhobener Finger steigt der Turm über der Fassade auf.

Venedig, Dogenpalast, beg. um 1340,
Erweiterung und Umgestaltung 1424,
Fassade und Detail (Portalbereich)

Wie viele Kommunalpaläste öffnet sich
auch der Palazzo Ducale in Venedig durch
lange Arkadenreihen im Erdgeschoss, dem
ein zweites offenes Geschoss folgt, dessen
Maßwerklanzetten einen doppelt so schnel-
len Rhythmus haben. Darüber liegt ein
geschlossener Block mit den Ratssälen und
der durch reichen Schmuck ausgezeichneten
Loggia für die Auftritte des Dogen. Das Vorbild für die sowohl in der Komposition als
auch in der Dekoration ungewöhnlichen
Gestaltungsprinzipien ist zweifellos im Islam
zu suchen.

Bauten für die Stadt

Der Aufschwung der Städte ließ vielerorts Profanbauten entstehen, die in sichtbare Konkurrenz mit dem Sakralbau traten. Vor allem in den historischen Niederlanden entstanden mit den monumentalen Rathäusern, Tuchhallen, Lagerbauten und Spitälern Bauten, die den Reichtum und die Macht der Kommunen demonstrierten. Nicht zufällig erhielten sie hohe Türme und reichen Maßwerkschmuck. Das um Mitte des 15. Jahrhundert errichtete Rathaus von Löwen wirkt wie ein kostbarer Reliquienschrein. Wenn auch die Nischenfiguren hier jüngeren Datums sind, so muss man sich doch die spätgotischen Rathäuser mit prachtvollen Schaufassaden vorstellen. Der Stolz der Kaufleute manifestierte sich in monumentalen Markthallen und Börsen, unter denen die Llotja von Palma de Mallorca künstlerisch herausragt. Der weite Innenraum wird von sechs gedrehten Säulen getragen, das Äußere wirkt mit seinen Ecktürmen eher wehrhaft.

Bildung, Erziehung und Krankenpflege, Aufgaben, die im Wesentlichen die Klöster leisteten, wurden nun von Adel und Patriziat finanziell unterstützt – nicht allein aus karitativen Gründen, sondern auch um des Seelenheils willen. So stiftete Nicolas Rolin, der Kanzler der burgundischen Herzöge, mit dem Hôtel-Dieu in Beaune ein Spital, das dank seiner Weinberge zu den reichsten Institutionen seiner Zeit zählte. Die Anlage erstreckt sich mit drei Flügeln um einen Innenhof; der große Krankensaal ist mit einer hölzernen Tonne überwölbt. In der Kapelle im Westen stand einst der berühmte Weltgerichtsaltar Rogier van der Weydens.

Beaune, Hôtel-Dieu, ab 1443

Nicolas Rolin, der einflussreiche Kanzler der burgundischen Herzöge, und seine dritte Gemahlin stifteten 1443 in Beaune ein Hospital. Dort bestanden zu dieser Zeit bereits drei weitere Einrichtungen dieser Gattung, doch keine von solcher Musterhaftigkeit und solchem Reichtum wie das Hôtel-Dieu. Das Stiftungsvermögen, das heute noch existiert, besteht im Wesentlichen aus 800 Hektar Weinbergen, davon 52 Hektar der besten Lagen Burgunds.

LINKE SEITE **Löwen, Rathaus,** 1448–63

Tangermünde, Rathaus, Schauwand des
Ostflügels, um 1430

Ein imponierendes Beispiel für die Fassa-
denkunst der Backsteingotik ist das Rathaus
von Tangermünde. Aufgrund der Formen-
sprache der spitzenartigen Gespinste des
Maßwerks wird die Fassade des Ostflügels
Meister Hinrich Brunsberg aus Stettin zugeschrieben.

RECHTE SEITE **Stralsund, Rathaus,**
13.–15. Jh., Marktfassade

Wie in anderen Hansestädten stehen auch
hier Rathaus und Nikolaikirche in einem
bewussten städtebaulichen Zusammenhang.

Barcelona, Palau de la Generalitat,
1416–1630

Die Gebäude der Generalitat, der Stände-
vertretung, entstanden zwischen 1416 und
1630 und sind um mehrere Höfe gruppiert.
Arkaden auf schlanken Säulen umstehen
den Pati Gòtic. Unten die von Marc Safont
errichtete Capella de Sant Jordi, deren
Fassade überreich mit Flamboyantdekor
überzogen ist.

Paris, Kathedrale Notre-Dame, beg. 1163,
Langhauswand